돈 많이 버세요!
포기하지 말고 꼭 부자 되세요

돈의 물결

"장이 무너져도 솟아날 종목은 있다"

돈의물결

박제연 지음

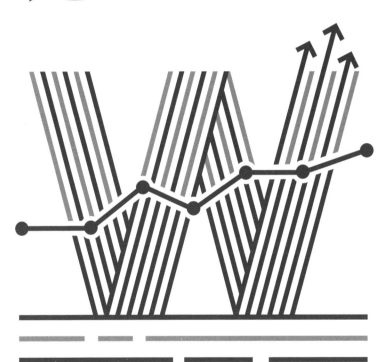

베가북스
VegaBooks

흐름에 돈을 맡겨라

"저는 이 종목을 매수한 국민연금의 평균 단가를 알고 있습니다."

전국으로 송출되는 TV 생방송에서 한 출연자가 진행자인 내게 했던 말이다. 당황스러웠다. 방송이 끝나고 나는 "그런 거짓말을 하면 잡혀갈 수 있으니 자중하라."는 말을 남기고 돌아섰다. 부끄러웠다.

국민연금 자금은 굉장히 많은 투자자문사, 자산운용사 등으로 보내져 각각 펀드에서 운용되고 있다. 삼성전자를 예로 들자면 모든 펀드에서 각기 다른 시기에, 다른 비중만큼, 다른 전략으로 삼성전자를 매수하고 있을 것이다. 사실 국민연금에서도 그들이 보유하고 있는 삼성전자 주식의 평균적인 매수 단가를 알지 못한다. 정 알고 싶다면 수많은 펀드에서 하나씩 수량과 가격대를 조사하고 다 더해서 나눈 값을 구할 수는 있겠지만, 굳이 그런 일을 하지는 않는다. 그런데 그 출연자는 국민연금이 매수한 모든 종목 단가를 계산하는 것이 자신의 노하우라고 했다. 몇 년이 지난 지금 다시 떠올려도 부끄러운 말이다.

투자자문 회사에 소속되지 않으면서, 불특정 다수를 대상으로 일정한 대가를 받고 간행물·출판물·통신물·방송 등을 통해 투자 조언하는 사람을 '유사투자자문업자'라고 한다. 한 마디로 개인투자자들에게 주식 종목을 추천하고 시장 정보를 제공하는 일을 하는 사람들이다. 나도 같은 일을 하고 있다.

나는 원래 법학을 전공했다. 대학원에 가서도 주식투자와 관련 없는 법학으로 석사 과정을 수료했다. 하지만 사법 시험에 낙방하고 나서는 단순히 학창 시절 수학을 상당히 잘했다는 자신감으로 금융권 취직을 목표로 했다. 우여곡절 끝에 작은 투자자문사에서 경력을 쌓기 시작했고, 국내 증권사를 거쳐 유사투자자문업에까지 흘러왔다. 사실 회사를 다니면서 시장과 금융에 대해 공부해야겠다고 생각하지는 않았다. 잘 알지 못해도 회사는 문제없이 다닐 수 있었다.

그러다 우연한 기회에 한 경제 전문 TV 방송사에서 작은 코너를 담당하게 됐다. 아무것도 모르는 내게 일을 맡긴 PD는 훗날 "내가 뭐에 씌었는지 너를 택했다."고 고백하기도 했다. 하지만 나는 그 일이 참 재밌고 한편으로는 떨렸다. 5분 동안 누구에게도 부끄럽지 않은 말을 전하고 싶었다. 지금 생각하면 특별한 분석 없이 그저 뉴스거리 몇 가지를 읽는 것에 불과했지만, 사람이 알고 말하는 것과 모르고 읽는 것은 다르다는 생각이 들었다. 그날부터 나는 새벽 2시 30분에 일어나 7시가 될 때까지 단 5분짜리 원고를 준비하기 위해 세상 모든 경제 뉴스를 읽기 시작했다.

세상 돌아가는 모양새를 배우고 익히는 데까지 참 오랜 시간이 걸렸고, 지금도 아는 것보다는 모르는 것이 훨씬 많다. 하지만 투자자문사와 증권사에서 여의도 금융 시장이 돌아가는 구조를 배울 수 있었고, 한 해씩 지나면서 지루하고 긴 시장도 겪었다. 끝나지 않을 꿈이었으면 싶은 불꽃 같은 장도 보고, 지난 2020년에는 사상 초유의 전염병으로 금융 위기급 폭탄도 맞았다. 이런 일들을 거치면서 결국 투자는 사람이 하는 일이고 그들 나름의 논리가 시장에서 통한다는 사실도 배웠다.

이제 나는 오늘날 주식 시장이 종목 차트 패턴을 보고 '올라간다 또는 내려간다'는 그림 맞추기식 매매가 아닌 투자가 가능한 시장이라는 전제하에, 하나씩 하나씩 이야기를 만들어가고 있다. 그리고 그 일이 내 취미가 됐다. 여전히 부족하고 모자라지만 내가 배운 여의도의 생태계와 그 안에서 굴러가는 투자에 관한 이야기를 전해주고 싶다. 어쩌면 시간이 없어서, 어쩌면 귀찮아서 누구도 알려주지 않았기 때문에 알지 못하고 하지 못했던 투자 방식을 소개하고 싶다. 독자 단 몇 명이라도 이 책을 통해 마법 같은 차트 공식을 찾아다니는 일상에서 벗어나 제대로 돈 버는 방법을 배울 수만 있다면, 주식 시장에 들어온 후부터 짧디 짧은 시간들을 쪼개 밤을 새워가며 기록했던 이 노트가 가치 있었다고 말할 수 있을 것이다.

이 책에 있는 내용은 절대 진리가 아니다. 세상은 흐르고 산업은 발전하기 때문에 금융 시장은 많은 변수를 맞이한다. 하지만 적어도 당신의 목숨 같은 돈이 헛되이 사라지지 않도록 이 책이 진지한 투자 아이디어를 짜낼 수 있는 첫걸음이 되리라 믿는다.

이 책의 아이디어를 머릿속에 떠올리기까지 많은 사람들의 도움이 있었다. 감히 내가 독자들에게 이제껏 생각하고 공부해온 것들을 전할 수 있도록 용기를 북돋아준 내 유튜브 채널 구독자들과, 어쩌면 이 책에 담긴 모든 이야기가 당신들에게서 나왔다고 해도 과언이 아닐 만큼 큰 가르침을 준 동종 업계 종사자분들에게 감사드린다.

차례

프롤로그 흐름에 돈을 맡겨라 · 4

1장 | 알아도 설명은 못하는 애매한 주식 기초

01. 주식에 투자하는 마음가짐   14
- 경제의 과거를 배우면 예측이 쉽다
- 불로소득을 꿈꾸는 사람들
- 한계를 인정하고 선택과 집중하기

02. 기관투자자와 외국인투자자   36
- 개인투자자의 대척점
- 기관이 종목을 고를 때

03. 환율 없이 투자에 성공할 수 없다   44
- 1,000원과 2,000원 중 강한 것은?
- 위기 상황에서 환율이 급등하는 이유

04. 증자를 하면 주식이 오를까?   51
- 증자를 한다고 무조건 나쁜 기업은 아니다
- 유상증자하는 기업 찾기

05. 투자하기 좋은 때는 언제일까?   59
- 물가가 폭등한다는 경고
- 아직 시장 상승은 끝나지 않았다

06. 주식 시장이 휘청일 때 버티는 법   66
- 코로나19로 배우는 주식 시장 대처법
- 소재와 IT 분야는 제 갈 길 간다

07. 주식 암호 해독하기 : PER·PBR·ROE·EV/EBITDA   73
 - 투자할 기업을 평가하는 지표
 - 그림으로 이해하는 기업 가치

08. 선물투자하면 패가망신한다?   81
 - 선물투자 VS 주식투자
 - 당신의 미래를 망치려는 호의

09. 공매도 세력의 오해와 진실   88
 - 우풍상호신용금고 사건
 - 효율적인 시장은 공매도가 가능하다

2장   세상 물정이 우리 살림에 끼치는 영향

01. 팬데믹에 대응하는 투자 전략   98
 - 코로나19가 흔들어놓은 주식 시장
 - 가까이 있는 불황도 멀리 보면 달라진다

02. 선거와 주가 움직임, 상관관계를 알아보자   107
 - 대선을 바라보는 2개의 시선
 - 우리나라 정치 테마주를 조심하자

03. 미국과 중국이 싸울 때 돈이 되는 종목   112
 - 통화 국제화를 위한 중국의 도전
 - 우리나라가 얻을 수 있는 반사이익

04. 금 투자는 '이럴 때' 하면 된다   119
 - 달러와 금은 반대로 간다
 - 시장 위기에서 찾게 되는 안전자산

05. '달러'를 모르면 투자하지 마라   126
 - 달러를 지켜라
 - 일본의 잃어버린 20년
 - 망할 수 있는 나라, 망할 수 없는 나라

3장 **과거에서 배우고 미래를 읽으면 종목이 보인다**

01. 과거 금융 위기는 어땠을까? 138
- 시장을 볼 때는 반대를 생각하라
- 2000년 VS 2008년, 최선의 방향은?
- 평균 물가 목표제를 도입하라

02. 모빌리티 시대 준비하기 147
- 현대자동차는 미국에서 정말 잘 팔릴까?
- 전기차 전용 플랫폼의 탄생
- 배터리 시장의 전선에 선 기업들

03. 주린이는 삼성전자 주식을 사라 166
- 매수의 시작은 삼성전자다
- 모든 시장과 연결되는 유일한 종목

04. 반도체 시장의 사이클 173
- 알아두면 쓸 데 있는 반도체 기본 상식
- 대한민국 증시 꿰뚫는 반도체
- 언택트와 함께하는 IT 열풍
- 미·중 분쟁의 뜻하지 않은 호재

05. 바닷속 친환경에 투자하라 193
- 황산화물 배출 금지령
- LNG의 시대가 열린다

06. 5G 속도 경쟁 201
- 인터넷으로 하나 되는 세계
- 당신은 무조건 5G를 쓰게 돼 있다

07. 만약 한한령이 해제된다면 208
- 한류가 무너지다
- 중국의 변덕에 대비할 업종들

08. 카카오와 네이버의 미래 214
- 잘되는 기업은 결국 비슷하게 흘러간다
- 우리나라 IT 시대는 이제부터

4장 | **시장이 불확실할 때도 솟아날 구멍은 있다**

01. 급등주로 부자 될 생각은 접어라 222
- 사는 것보다 파는 것이 더 어려운 주식
- 급등주는 시장을 따르지 않는다

02. 한국 주식은 디스카운트 상태다 227
- 우리나라는 왜 주가가 낮을까?
- 바닥이 깊을수록 가능성은 크다

03. 워런 버핏은 왜 은행주를 손절했을까? 232
- 상업은행과 투자은행의 차이
- 은행은 지금이 기회다

04. 2021 생각해볼 이슈들 239
- 코로나19 백신 접종 그 이후
- 유동성은 언젠가 줄어들겠지만

에필로그 주식투자자로서의 철학 · 248
부록 2021년도 주식학력평가 · 253

> 무조건 맞다고 확신할 수 있냐고?
> 주식은 위험자산이다. 절대로 100%라는 말을
> 할 수는 없다. 다만 인내심을 갖고 역사적인
> 흐름을 함께한다면 손해 볼 확률을
> 극단적으로 낮출 수 있다는 사실을 기억하자.

알아도 설명은 못하는
애매한 주식 기초

1장

주식에 투자하는 마음가짐

01

✅ 경제의 과거를 배우면 예측이 쉽다

"달리는 말에 올라타라."

"떨어지는 칼날을 잡지 마라."

투자할 때 종종 들을 수 있는 말들이다. 첫 번째 문장은 상승 추세가 형성된 기업에 투자하라는 뜻이고, 두 번째 문장은 하락하는 종목의 바닥을 굳이 스스로 찾으려고 할 필요는 없다는 의미로 해석할 수 있다. 하지만 내가 주식 시장에서 들을 수 있는 말 중 가장 이상하다고 생각하는 말은 바로 이것이다.

"주식은 예측이 아닌 대응이다."

일단 앞뒤가 맞지 않다. 우리가 주식투자를 하고 특정 종목을 사는 이유는 '오를 것 같아서'다. 반대로 갖고 있는 주식을 파는 이유는 당연히 '내릴 것 같아서'다. 모두 예측이 아닌가? 그런데도 저런 말을 하는 이유는 단지 자신이 예측이라는 불확실성에 투자하는 미련한 사람이 아니고 확실하게 대응하는 사람이라는 어필을 하기 위한 궤변 정도에 불과하다고 생각한다.

나는 이 책을 통해 그 '예측'의 확률을 높이는 방법을 말하고자 한다. 그리고 그 방법 대부분은 경제의 과거에서 배울 수 있다.

먼저 짚고 넘어갈 것이 있다. 주식투자하는 방법은 내가 만든 것이 아니라는 점이다. 우리는 주식을 HTS나 MTS상에서 움직이는 차트와 호가 창이 번쩍이는 것으로만 인식하지만 사실 주식투자는 어떤 기업의 지분을 사는 일이다. 그리고 그 지분을 사겠다고 결정하는 이유는 기업 또는 기업이 속한 산업이 성장하리라는 예측에 있다.

간단하게 말해서 어떤 주식에 투자하면 돈을 더 잘 벌겠다는 생각이 들어야 한다. 예를 들어 어떤 기업 주가가 현재 1만 원인데, 기업이 미래에 발생시킬 가능성이 높은 매출과 영업이익 수준을 고려할 때 1만 원이라는 가격이 싸다고 느껴진다. 그렇다면 그 주가는 올라갈 확률이 내려갈 확률보다 아주 조금은 더 높다는 예측을 전제로 한다. 물론 이런 예측도 내가 만든 것이 아니다.

이런 식이라면 예측하는 일은 생각보다 많은 공부가 필요하지 않고 꼭 직접 할 필요도 없다. 간단한 몇 가지 원칙을 기억하고 그 원칙에 맞는 시기가 오기를 기다리면 분명히 좋은 예측을 해낼 수 있다. 여름에는 아이스크림이 잘 팔리고 겨울에는 따뜻한 코코아가 잘 팔리는 것과 같은 이치다.

2020년을 뜨겁게 달궜던 화학 기업의 성장을 생각해보자. 화학 제품을 만드는 원료는 크게 에틸렌과 나프타로 나뉜다. 이때 에틸렌을 셰일가스에서 뽑아내는 방식을 ECC라고 부르고 나프타를 석유에서 분해하는 방식을 NCC라고 부른다. 즉, 에틸렌은 가스 가격이 내려갈수록 저렴한 가격에 만들 수 있고 나프타는 석유 가격이 낮을수록 비교적 저렴한 가격에 만들 수 있다. 우리나라 화학 기업들은 대부분 NCC 방법을 사용하고 있고, 미국이나 유럽 기업들은 ECC 방식을 사용하고 있다.

그럼 하나만 기억해보자. 기름 값이 떨어진다는 소리가 들리면 우리나라 화학 기업들에 유리한 시장이 올 수도 있다. 그러므로 가끔씩 유가를 확인하고, 경제와 주식 관련 기사를 꼼꼼하게 읽는 습관을 들이자는 것이다.

2020년 한 해는 코로나19 바이러스 때문에 유가 하락이 극심했다. 4월에는 선물 시장에서 유가가 마이너스를 기록하는 등 타격을 크게 받기도 했다. 뉴스에서는 종종 국내 화학 기업들의 소식이 보도됐다. 코로나19 예방을 위해 많이들 쓰는 마스크와 손 세정제에 화학 물질이 들어간다느니, 곧 슈퍼 사이클이 온다느니 하는 말들이 들렸다.

유가를 살펴보고 있던 사람이라면 가격이 급반등해서 제자리로 돌아오지는 않는지 보면 된다. 그렇지 않았다면 '석유는 여러 제품에 쓰이므로 수요가 많으니까 적어도 2019년보다는 2020년에 화학 기업들이 매출을 더 올릴 수 있고, 값싼 원유로 높은 마진을 확보할 수 있겠다'는 생각으로 꽤 훌륭한 성과를 거둘 수 있었을 것이다.

앞으로 이 책에서 이런 식으로 간단하게 외울 수 있는 원칙들을 소개하고자 한다. 대전제는 물론 '돈을 점점 더 잘 버는 기업의 주가는 올라갈 가능성이 매우 높다'는 것이다. 종류를 몇 가지로 나눠보자.

물건이 더 많이 팔려서 전체 매출이 올라가는 시기가 있다. 앞서 말한 것처럼 여름에는 아이스크림이, 겨울에는 코코아가 더 잘 팔리는 상황과 같다. 반대로 물건 판매 가격이 올라서 마진이 많이 남는 시기도 있다. 주로 수요가 몰리는 시기에 공급이 부족하면 이런 현상이 발생한다.

판매 가격은 변하지 않았지만 물건을 만드는 원료 가격이 떨어져서 마진을 많이 남기게 되는 시기도 있다. 밀가루 가격이 내려간다고 라면 가격을 낮추지는 않기 때문이다.

우리가 주식과 산업 사이클에 관심이 없을 때도 산업 대부분은 성장기와 쇠퇴기를 반복해왔고, 앞으로도 분명히 반복할 것이다. 가령 최근에는 반도체 이슈가 핫하다. 이 책에도 반도체 가격이 오르내리는 시기에 대한 이야기를 담았다. 반도체도 마찬가지로 몇 가지 원칙을 염두에 두고 뉴스만 열심히 봐도 분명한 투자 타이밍을 잡아낼 수 있다. 그렇다고 책의 목차로 되돌아가 '반도체가 어디 있지.' 하며 찾지 않아도 된다. 편안하게 읽자. 시장은 우리를 기다려주지 않지만 같은 상황은 또다시 돌아온다. 기다리자.

2020년부터 반도체 슈퍼 사이클이 온다고 뉴스에서 참 많이도 봤을 것이다. 하지만 삼성전자가 4만 원일 때도 너무 느리고 비싸 보인다는 이유로, 5만 원일 때도 대형주는 재미없다는 이유로 투자를 미룬 사람들이 많았다. 하지만 이 사이클을 놓쳤다고 땅을 치고 후회할 필요는 없다. 거짓말처럼 똑같은 상황이 몇 년 지나지 않아 온다. 우리가 지금부터 할 일은 그 전제를 외워놓고 뉴스를 습관처럼 매일 들여다보는 것이다.

사이클이 돌아온다는 내 말이 무조건 맞다고 확신할 수 있냐고?

주식은 위험자산이다. 절대로 100%라는 말을 할 수는 없다. 다만 인내심을 갖고 역사적인 흐름을 함께한다면 손해 볼 확률을 극단적으로 낮출 수 있다는 사실을 기억하자.

✅ 불로소득을 꿈꾸는 사람들

주식투자를 해야 하는 이유라는 거창한 말을 꺼내기 앞서, 단순한 사실이지만 입 밖으로 내면 부정적인 눈초리를 받을 수 있는 말을 한 마디 하겠다.

"불로소득을 추구하자."

소득은 불로소득과 노동소득으로 나눌 수 있는데, 불로소득은 말 그대로 노동 없이 얻는 소득이고 노동소득은 일을 하고 벌어들이는 소득이다. 사회적인 분위기가 불로소득을 죄악시하는 경향이 있기는 하지만 생각보다 많은 불로소득이 우리 주변에 있다.

역시 가장 먼저 떠오르는 불로소득은 주식이나 부동산투자고, 명품 브랜드 샤넬 가방을 사두면 가격이 점차 오른다고 해서 '샤테크'로 불리는 것도 있다. 요즘 2030세대는 명품 대신 미술품을 투자 수단으로 한다고 해서 이름 붙은 '아트테크'도 있다.

나도 모르는 사이 불로소득을 얻은 일도 있다. 언젠가 피스마이너스원2라는 나이키 운동화에 당첨되어 20만 원 정도에 구매한 적 있다. 사자마자 온라인에 검색해봤는데 70만 원 정도에 팔리고 있는 것이 아닌가! 실제로 팔지는 않았지만 20만 원 투자로 내 자산이 50만 원 더 늘었으니 불로소득이라고 할 수 있다.

노동 없이 운에 맡기거나 위험을 감수하고 돈을 투자해서 이익을 취하기 때문에 주식이나 부동산은 물론이고 사실 은행 적금도 이런 투자의 한 종류다. 은행이 망할 수도 있다는 위험을 안고 돈을 맡기기 때문에 일반 예금보다 이자를 좀 더 받을 수 있는 셈이다.

불로소득은 자신이 하면 투자 같고 남이 하면 꼴 보기 싫기 마련이라, 어떤 사람들은 '일해서 돈 벌 생각을 해.' 하며 비아냥거린다. 하지만 그들 자신도 모르게 불로소득을 꿈꾸는 사람들이 많다. '언젠가는 은퇴해서 놀고먹어야지.' 하는 생각으로 적금이라도 들지 않는가. 목돈을 마련하기 위한 적금도 아주 작지만 분명히 위험성이 있다. 요즘은 금리가 너무 낮아서 의미 있는 투자가 아니라고 할 수 있지만 그래도 어떻게든 소비를 줄여 목돈을 마련하고자 노력하고 오랫동안 적금을 모은 사람을 우리는 부러워하기도 한다.

적금이 단순한 저장 수단일 뿐이라고 생각하는 사람도 있을 수 있다. 하지만 우리가 적금을 들 때 가장 먼저 하는 것은 그 은행이 도산하지는 않을지 리스크에 대한 판단이 아니라 이자율 비교라는 점에서 적금이 단순 저장 수단으로써의 투자는 아니라고 본다.

어쨌든 우리는 저 수많은 재테크 중 무엇을 통해서라도 불로소득을 얻고자 끊임없이 노력해야 한다. 그런 의지가 있기 때문에 이 책을 펼쳤다고 생각한다. 물론 막상 불로소득을 추구하려니 두려울 수도 있다. 우리가 가진 자산이 크게 줄어들 리스크를 따져보지 않을 수 없다.

리스크 없이 고수익을 얻을 수 있다고 인터넷에 떠도는 말들이 우리를 유혹할지도 모른다. 그런 사기꾼들에게 솔깃하지 말자. 내가 아는 한 그런 세상은 존재하지 않는다. 나는 우연히 이 책을 읽기 시작한 당신들이 성공할 수 있는 가능성을 조금이나마 높여주고, 왜 불로소득을 추구해야 하는지 동기를 부여하고자 한다.

"돈은 쓰레기가 되어간다."

브릿지워터 어소시에이츠 CEO인 레이 달리오(Ray Dalio)의 말이다. 그는 왜 이렇게 소중한 돈이 쓰레기가 되어간다고 했을까? 예를 들어 손도 잘 닿지 않는 침대 바닥에 50원 짜리 동전 하나가 떨어져 있다고 생각해보자. 분명 화폐로써의 가치가 있는 동전은 맞지만 내가 바닥에 누워 침대 밑으로 팔을 뻗어 휘적이다 말고 30센티미터 자까지 꺼내올 만큼의 가치를 가졌을까? 그렇지는 않다. 2021년에 50원으로 할 수 있는 일은 아무것도 없기 때문이다.

하지만 내가 기억하는 1990년대 초등학교 시절에는 아이스크림 하나에 50원이었다. 30년이 지난 지금은 아무렇지 않게 1,000원이 됐지만 말이다. 그 당시였다면 분명 먼지를 뒤집어쓰면서도 50원짜리 동전을 꺼낼 만했을 것이다.

그렇다면 아이스크림 값이 대략 20배가 뛰는 동안 우리 급여는 얼마만큼 올랐을까? 고용노동부가 말하는 농림 분야를 제외한 상용 근로자가 받는 실질 임금 추이를 확인해보자. 우리나라 회사원들의 실질 임금은 1980년대에 100만 원대를 돌파했고, 1990년대 후반에 200만 원대로 급격하게 늘어났다.

50원으로 아이스크림을 사 먹던 1990년대 초반 평균 임금이 150만 원이라고 한다면 오늘날 평균 임금도 비슷하게 20배, 아니 10배만 오른다고 해도 1,500만 원은 돼야 하지만 실상은 그렇지 않다. 회사원들의 실질 임금은 2007년에 290만 원 선에 진입한 뒤로 지금까지 별다른 변화가 없다. 우리 소득은 제자리걸음인데 어떻게 물가는 계속 오를 수 있을까?

역사적으로 물가가 크게 올랐던 때를 보면 16세기 물가 혁명이 있고, 반대로 크게 하락했던 시기로는 20세기 미국 대공황이 있다. 16세기 물가 혁명 때는 15세기 후반부터 멕시코나 스페인 중남미 식민지로부터 대규모로 은이 유입됐다. 그러면서 유럽 물가가 5~6배 정도 뛰었는데, 연평균으로 보면 2%정도밖에 되지 않는다. 혁명이라고 말하기에 부족할 수 있겠지만 20세기 이전만 하더라도 지속적으로 물가가 오른 시기는 16세기 물가 혁명 말고는 없었다.

1929년부터 1939년까지 있었던 대공황 시절은 미국 역사상 가장 길고 깊은 경제 위기로 평가 받는다. 1929년 10월 29일부터 1932년 7월 9일까지 3년 동안 미국 다우지수는 90%에 가까운 하락을 경험했다. 당시 3.5%로 최저였던 기준금리가 레버리지 투자를 부채질했고, 과한 유동성으로 끌어올린 주식 시장이 붕괴됐다.

잠깐 레버리지 투자에 대해 설명하자면, 자신이 가진 돈보다 더 많은 돈을 투자하는 일을 말한다. 레버리지(Leverage)는 지렛대(Lever)라는 뜻이다. 작은 힘으로 무거운 무게의 물건을 움직이는 것처럼 투자를 한다는 말이다. 경제 관련 방송을 보다보면 스탁론 광고가 중간중간 많이 나온다. 광고에 대부분 '자기자본 대비 400% 투자 가능'이라는 문구를 사용하는데, 이런 것이 바로 레버리지 투자다. 기준금리가 낮은 시기에 대출을 받는 일은 큰 부담이 없기 때문에 레버리지 투자가 성행하게 된다.

금리가 10%일 때 1억을 빌려 1년에 이자 1,000만 원을 감당할 수 있다고 생각하는 사람이 있다. 이때 금리가 5%로 내려가게 되면 2억을 빌려도 똑같이 연 1,000만 원 이자만 감당하면 되기 때문에 대출 규모도 늘어나고 그만큼 투자금도 커지게 된다. 주가도 같이 상승하면 물론 좋겠지만 하락하게 되면 문제가 생긴다. 이해를 돕기 위해 극단적인 예를 들어 설명해보겠다.

자신의 자금이 1,000만 원인데 4,000만 원을 빌려 5,000만 원의 투자금으로 투자하는 경우와 9,000만 원을 빌려 1억 원의 투자금을 갖고 투자하는 경우가 있다고 가정해보자. 첫 번째 경우에 주가가 20% 하락하면 원금인 1,000만 원이 모두 사라지지만, 두 번째 경우에는 10%만 하락해도 원금이 전부 없어진다. 이런 경우에는 자금을 빌려준 곳에서 대출금을 회수하기 위해 투자자가 가진 주식을 강제로 매도하는 반대 매매를 진행하게 되는데, 이 매도 물량은 주식 시장 전체를 하락시키는 힘으로 작용한다. 이렇게 과한 레버리지 투자는 시장이 하락할 때 그 속도를 더 빠르게 만드는 부작용을 낳는다.

지금 같으면 어떻게든 돈을 찍어내서 시장을 지키려고 했겠지만, 금 본위 제도가 있던 당시 중앙은행은 자금을 공급할 방법이 없었다. 그래서 생각한 것이 해외 자본 유출을 막기 위한 금리 상승이었다. 장기간 저금리로 대출 비중이 높았던 당시 가계 경제는 금리가 오르면서 무너지게 된다. 이자 부담이 없을 때 쉽게 대출을 받았지만 금리가 오르면서 이자 부담을 감당하지 못해 대출금을 변제해야 했다. 갑자기 대출금을 갚는 일은 현실적으로 어렵기 때문에 높은 이자를 감당하지 못한 가계 경제가 무너진 것이다. 자연히 소비가 줄어들면서 1929년부터 4년 동안 25%에 가까운 디플레이션이 발생하게 됐다.

이 두 가지 경우를 보면서 배울 수 있는 것은 화폐 양이 증가하면 화폐 가치가 떨어지고 물가가 상승한다는 사실이다. 반대로 화폐 양이 줄어들면 그만큼 가치가 올라가고 물가는 하락한다. 이 사실은 여러 경제학자의 이론을 통해 중앙은행이 물가를 관리하는 효과적인 방법으로 증명됐다. 이제 중앙은행은 금리를 조절해서 화폐의 유통량을 늘리기도 하고 줄이기도 한다. 즉, 이자율이란 경제를 좌우할 수 있는 가장 중요한 지표 중 하나로 평가 받게 됐고, 각국 중앙은행들은 경제 여건을 감안해서 금리 수준을 조정하고 있다. 경제가 너무 위축됐을 때는 금리를 내리고, 너무 활황이다 싶을 때는 금리를 올린다.

📈 경기와 미국 금리 정책

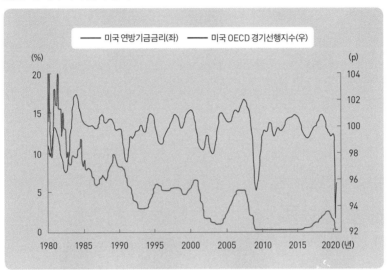

출처 : 블룸버그(Bloomberg)

그래프를 통해 알 수 있듯 OECD 경기선행지수가 지나치게 내려간다 싶으면 미국이 연방기금금리를 내려 하락세를 일정 수준에서 막으려 한다.

결국 물가는 우리들 월급 통장에 찍히는 돈이 늘어나거나 줄어드는 흐름에 따라 움직이는 것이 아니다. 월급은 그대로인데 장바구니 물가가 너무 많이 올라서 힘들다는 뉴스는 쉽게 볼 수 있지만 그 반대 내용은 찾기 어려운 것처럼, 사실상 월급과 물가 간 상관관계는 크지 않다. 따라서 우리는 투자를 함으로써 기본적으로 물가 상승 때문에 보유 자산 가치가 하락하지 않도록 방어해야 한다. 월급은 똑같이 100만 원인데 짜장면 가격이 4,000원에서 5,000원으로 오른다면 먹을 수 있는 짜장면이 250그릇에서 200그릇으로 줄어드는 셈이니 말이다.

경제 변화 속도는 갈수록 빨라지고 그만큼 호황과 불황 간 사이클도 짧아졌다. 미국 대공황에서 얻은 교훈처럼 중앙은행들은 불황이 찾아왔을 때 금리를 올리면 세상을 망하게 할 수 있다는 사실을 알고 있다. 언젠가는 저금리의 달콤함이 폭탄이 되어 돌아올지도 모르지만, 어떤 중앙은행장이 대공황을 답습하려고 할까? 어려울 때는 금리를 내리거나 통화량을 증가하는 방식으로 대응할 것이고 그때마다 물가는 우리 월급보다 빠르게 상승할 가능성이 크다.

돈이 쓰레기가 되어간다는 표현은 그런 의미다. 실질금리가 마이너스권에 있는, 쉽게 말해 은행에 돈을 맡겼을 때 이자를 받는 것보다 물가가 더 빠르게 올라가는 요즘 사회에서 잠자는 돈의 가치는 점점 내려가게 돼 있다. 분명히 투자가 필요한 시대라는 말이다.

특히 코로나19 발생 이후에 미국 본원 통화, 즉 중앙은행의 통화 공급은 폭발적으로 늘어났다. 2008년 금융 위기 이후 미국 중앙은행인 연방준비제도(이하 '연준')는 통화가 너무 많지 않냐며 출구를 모색해왔다.

하지만 코로나19 직후 3개월 만에 근 10년간 통화만큼을 또 풀어버렸다. 다만 이런 상황이 미국만의 문제는 아니다. 전 세계 각국 중앙은행의 정책도 비슷하게 흘러가고 있다. 주요국들이 '뉴딜 정책'이라는 이름으로 추진하는 모든 것들이 전부 재정을 확대하고 통화를 공급하는 내용을 담고 있기 때문에 결국은 유동성 과잉으로 연결될 수밖에 없다.

이 현상은 앞으로 더 가속화될 가능성이 크다. 연준이 향후 상당 기간 금리를 올릴 일은 없다고 단적으로 발표했으니 저금리 시대는 유지될 것이다. 코로나19 상황이 해결되면서 미국 물가 상승률이 다시 1%대로 회복될 전망이라는 예측에 따라 실질금리는 더 떨어질 수 있다. 그렇게 되면 잠자고 있는 돈의 가치는 빠르게 하락한다.

결국 쓰레기가 되어가는 우리 돈의 가치를 지키기 위해서는 이제 '일해서 돈 벌 생각'하는 시대를 벗어나 더 적극적인 자세로 투자의 길을 걸어볼 필요가 있다.

✅ 한계를 인정하고 선택과 집중하기

매일 아침 7시가 되면 주식투자하는 사람은 대충이라도 들어봤을 법한 증권사 '애널리스트 리포트'가 나온다. 나온다는 말은 문서로 찍혀서 하드 카피로 인쇄된다는 뜻이다.

나는 애널리스트가 아니었기 때문에 리포트 원본이 언제 완성되고 인쇄소에 넘겨지는지 정확히 모르지만, 보통 아침 6시 30분이면 노끈에 질끈 묶인 엄청난 양의 따끈따끈한 인쇄 꾸러미가 증권사 본사 브로커 사무실에 도착한다. 어느 날, 삼성전자와 현대자동차(이하 '현대차'), JYP Ent., 자산 배분 전략, 채권 전략 섹터 내용이 담긴 다섯 종류의 산더미 같은 인쇄본이 도착한다. 그러면 사무실 막내 직원은 꾸러미를 해체해서 필요한 만큼 들고 선배들과 함께 다른 층에 있는 리서치 센터로 향한다.

빈 회의실 가운데 아주 커다란 타원형 테이블이 있고 브로커들이 하나 둘씩 자리에 앉는다. 막내 직원은 들고 온 리포트를 종류별로 한 부씩 자리에 놓는다. 이제 7시. 리서치 센터에 있는 수많은 애널리스트가 브로커들 뒤쪽에 자리를 잡고 앉으면 회의가 시작된다.

이날 리포트 다섯 개 중 첫 차례는 삼성전자다. IT 애널리스트가 테이블 상석에 마련된 마이크 앞에서 본인이 쓴 리포트 내용을 브로커들에게 설명한다. 이 마이크를 통해 소리가 전국에 있는 증권사 지점으로 연결되어 실시간 방송이 진행된다. 삼성전자에서 이런저런 일이 있었고, 예상 실적은 얼마인데 달성이 가능할지 아닐지, 새로 출시될 스마트폰과 자꾸 떨어지는 D램 가격은 언제 반등할지 이야기한다. 브로커들은 열심히 받아 적고 시니어 몇몇이 질문하면서 공부한다.

다음은 현대차 차례다. 자동차 애널리스트가 앞에서와 똑같은 일을 반복하고, 그다음으로 엔터테인먼트 섹터 애널리스트가, 자산 전략 애널리스트가, 채권 애널리스트가 현재 상황과 앞으로 전망을 이야기 한다.

회의가 끝나면 브로커들은 분주해진다. 영업부 본인 자리로 돌아와 자신이 담당하고 있는 모든 운용사, 자문사, 기관의 펀드 매니저에게 하나하나 전화를 돌린다. 모든 내용은 똑같다.

"안녕하세요, 박제연입니다. 금일 모닝 미팅에 나왔던 내용 전달합니다. 삼성전자는 이렇고, 현대차는 이렇고요. JYP는 이렇답니다. 좋은 하루 보내세요."

수많은 사람에게 전화를 돌려 같은 이야기를 반복하다보면 9시가 가까워지고 주식 시장이 열린다. 그때부터 매니저에게 전화나 메시지가 오는데, 주문을 받고 체결할 수 있도록 도와주다보면 어느새 폐장 시간이 된다.

이쯤 되면 내가 왜 이런 이야기를 하고 있는지 의아한 사람이 있을 것이다. 어떤 유망 종목을 소개하는지, 기막힌 차트 비법 하나 얻어갈 것이 있는지, 혹은 세력들의 비밀을 파헤치기 위해 이 책을 펼쳤는데 웬 일기 같은 내용을 보고 어리둥절할 수도 있겠다.

하지만 내가 앞서 이야기한 내용을 통해 일반 개인투자자들이 증권사의 아침을 생각할 때 흔히 하는 가장 큰 착각에서 벗어날 수 있다.

여기 리포트는 다섯 종류였고 테이블에 둘러앉은 수많은 애널리스트 중 해당 섹터 리포트를 작성한 단 한 명만이 브로커들 앞에서 이야기를 했다. 다시 말해 삼성전자에 대해 설명한 사람과 현대차에 대해 설명한 사람, JYP Ent.를 설명한 사람이 각기 다른 인물들이었다는 뜻이다.

개인투자자 중 생각보다 많은 사람들이 "삼성전자는 어떤 회사인가?" 또는 "현대차는 어떤 회사인가?"라는 질문에 청산유수로 대답할 수 있을 것이다. 삼성전자는 반도체부터 스마트폰, 가전 분야를 선도하고 있고, 화웨이가 미·중 무역 분쟁으로 아웃 될 위기에 처해지면서 5G 네트워크 장비에서의 수혜까지 예상된다는 내용을 읊을 수 있다. 또 현대차에서 잘 팔리는 제네시스의 성적을 줄줄 꿰면서 ASP(Average Selling Price), 즉 평균 판매 단가가 얼마나 올랐는지 마진은 얼마나 더 붙었는지 소비자들 중 비싸다고 알려진 ADAS(Advanced Drive Assistance Systems), 첨단 운전자 지원 시스템 옵션은 몇 퍼센트나 선택했는지 내게 신이 나서 말해줄 사람이 꽤 있을 것이다. 혹시나 '난 모르는데?'라는 생각이 든다면 이 책을 꼭 끝까지 읽고 주식투자에 대한 자세를 다시 갖추기를 바란다.

투자자들은 이렇게 삼성전자에도 현대차에도 빠삭하지만, 이상하게도 증권사 회의에서 마이크까지 잡고 발표하는 애널리스트들은 삼성전자 따로 현대차 따로 담당이 나뉜다. 한 명이 전부 하면 안 되는 것일까?

증권사 리서치 센터에는 예상보다 훨씬 많은 애널리스트들이 있다. 연말이 되면 경제 관련 신문이나 경제지에서 베스트 애널리스트를 뽑는데, 이때 선정되는 사람이 거의 30명 가까이 된다. IT·자동차·건설·화학·철강·조선·엔터테인먼트·인터넷 등등 모두 따로 뽑는다. IT 섹터에는 시니어 애널리스트와 주니어 애널리스트 등 적어도 두 명의 애널리스트가 있고, 다른 섹터들도 마찬가지다.

그들이 공부하고 연구해서 리포트를 발간하는 종목은 섹터별로 10개 정도밖에 되지 않는다. 작년에도, 올해도, 내년에도 그들은 같은 종목만 수십 년을 공부하고 연구한다. 생각보다 훨씬 높은 연봉을 받는 애널리스트들이 왜 일을 그것밖에 하지 않는 것일까? 분명 의문이 드는 사람들이 있을 테다.

증권사는 이익을 추구하는 회사인 데다 바보도 아니다. 즉, 두 명의 인력이 한 개 섹터에서 10여 개 남짓한 종목을 연구하는 일만으로도 벅차다는 뜻이다. 물론 가장 궂은일을 도맡아 하는 막내 격인 RA도 있지만 말이다. 어쨌든 그 정도로 하나의 섹터와 하나의 기업은 많은 정보를 담고 있고, 심지어 매일 같이 업데이트되면서 양이 늘어난다. 살아 있는 정보이기 때문에 일반적으로 공부하기 쉽지 않은 편이다.

그래서 개인투자자들 대부분이 처음에는 PER과 PBR이 뭔지, 기업 이익은 어디서 나오는지 공부하다가 벽에 부딪히게 된다. 그때 찾는 것이 바로 차트 기법이나 검색기다. 어떤 사람들은 자기 돈을 등쳐 먹으려고 어디선가 노리고 있을지 모르는 소위 '세력' 탓을 하며 불만 가득한 투자자로 변신하기도 한다.

아주 단순한 이야기를 해보자. 증권사는 이익을 추구하는 데 있어 어떤 방법이든 비용을 줄일 수만 있다면 줄이려고 할 것이다. 애널리스트 한 명이 지금 맡고 있는 섹터에서 하나를 더 할 수만 있다면 리서치 센터 직원은 절반으로 줄어들고 인건비도 반으로 줄일 수 있다. 속칭 부자를 만들어주는 차트 기법이라는 것들 중 하나라도 실제 적용 가능하다고 하면 모든 애널리스트를 해고하고 그 기법을 매매에 활용할 수도 있다. 그런데도 그렇게 하지 못하고 있는 이유가 무엇이겠는가?

우스갯소리지만, 만일 어떤 차트 기법이 정말 시장에서 통한다면 그 기법을 만든 사람이 우리에게 가르쳐줄 이유가 있겠냐는 것이다. 적어도 골드만삭스 정도는 가서 모든 애널리스트를 몰아내고 혼자 리서치 센터를 호령하는 연봉 1,000억 원 스타가 될 수 있는데 말이다.

하지만 그렇게 하는 증권사는 어디에도 없고 역사적으로 지구상에서 그런 비슷한 일이 벌어진 적도 없다. 즉, 우리를 부자가 되게 해준다는 수많은 기법은 결코 현실 세계에서 통하지 않는다는 뜻이다. 바닥이 몇 개인지, 이것이 쌍바닥인지 쓰리바닥인지, 이 차트의 왼쪽 어깨가 높은지 오른쪽 어깨가 높은지는 우리가 투자하는 기업의 미래를 말해주지 못한다는 사실을 기억했으면 한다.

또 삼성전자는 기본적으로 반도체 업황을 따르고 현대차는 자동차 업황을 따라가듯 모든 종목은 각기 속한 세계가 다르고 업황도, 역사도, 처한 상황도 전부 다르다. 이것을 하나의 법칙으로 묶을 생각은 말았으면 좋겠다.

전업투자자도 아니고 생업 때문에 시간이 없는데 어느 세월에 공부해서 투자를 하라는 말이냐! 하는 생각이 든다면 투자를 시작하지 않는 편이 훨씬 낫다.

"한계를 인정하고 선택과 집중을 하라."

이번 챕터의 제목을 지은 이유이기도 하다. 정상적인 주식투자로 자산을 늘리고자 한다면 아주 한정적인 2~3가지 업종만을 정해서 투자하기를 추천한다. 가장 관심 있는 업종을 정하고, 그 업종에 한해서만큼은 열정을 갖고 공부한 다음 투자하기 시작한다면 생각보다 훨씬 많은 기회가 있으리라 확신한다. 어차피 여러 가지에 발을 담그는 문어발식 공부를 하려고 하면 다 하지도 못한다.

"그럼 검색기는 어떤 것이 좋나요?"

"세력이 매집하는 종목을 찾아내는 방법은 뭔가요?"

여전히 이런 질문들이 머릿속에 맴돈다면 바라건대 이쯤에서 책을 덮고 주식투자를 멈췄으면 한다.

나는 책을 처음 쓴다. 어느 정도로 써야 이 책이 100쪽, 200쪽이 되는지도 모르고 어떤 내용이 많은 사람들의 귀에 달콤하게 들릴지, 어떻게 내 책을 내는 출판사의 판매 부수를 늘려줄 수 있는지 특별한 노하우도 없다.

하지만 이제껏 수많은 개인투자자를 만나고 겪으면서 그들의 고충과 착각을 언젠가는 내 입을 통해 없애주고 싶다는 꿈이 있었고, 지금 그 바람을 실현하는 첫 삽을 뜨고 있다. 최대한 우리 모두에게 익숙한 언어로 표현해서 많은 개인투자자들이 흔들리기 쉬운 유혹에 빠져들지 않고 정도(正道)를 걸을 수 있도록 도움을 줄 수 있는 무모한 시도를 해보고자 한다.

본격적인 이야기를 시작하기 앞서 한 마디만 더 하고 마무리하겠다.

스스로 자신의 돈에 대한 예의를 지켰으면 한다.

당신이 남들을 앞서고 경쟁에서 이기기 위해 소비한 16년의 학교 생활, 안정적인 수입을 얻기 위해 억지로 마셨던 술과 아꼈던 잠들, 그 돈을 차곡차곡 모으기 위해 참았던 소원과 욕망, 그리고 세월을 나는 감히 가늠할 수 없다. 아마 지나온 길을 돌아본다면 다시 할 수 있을까 싶을 정도로 만만하지 않은 시간을 보냈으리라 짐작한다. 그 모든 것이 담긴 결정체인 당신의 투자 자금을 좀 더 소중히 다루기를 바란다.

수십 년의 피와 땀과 눈물로 만들어진 자금이 두 배로 늘어나기 위해서는 다시 그만큼 인내와 노력이 필요하다는 사실을 기억했으면 한다. 그 노고를 조금이나마 줄여줄 수 있기를 바라는 막연한 기대에서 출발하는 이 이야기를 감사한 마음을 담아 독자들에게 선보인다.

기관투자자와
외국인투자자

✅ 개인투자자의 대척점

주식투자를 하다보면 주변에서 "돈 좀 벌었어?" 하고 물어보는 경우가 있다. 많이 벌어서 자신 있게 대답할 수 있으면 좋으련만 대답하기 애매할 때가 있다. 그럴 때는 그냥 "이제까지 플러스 마이너스 따져보면 거의 본전 정도야"라고 대답하면 된다. 그러면 딱히 더 자세히 물어볼 사람은 없을 것이다.

문제는 무언가가 궁금할 때다. 주식에 관한 말 중 사람들 입에 워낙 많이 오르내리니까, 나름 전문성이 있는 분야니까 들어본 적은 있는데 정확히 모르는 것들이 많다. 주식을 한다면 이 정도는 상식인가 싶고,

누군가에게 물어봤을 때 "넌 주식 몇 년 했다는 사람이 그것도 모르냐"는 말을 들을까 봐 두렵지만 너무 걱정하지는 말자. 상대방도 정확히는 모른다. 이번 챕터에서는 그런 알 듯 모를 듯 애매한 주식 기초에 대해 몇 가지 이야기해보자.

흔히 주식투자자라고 하면 개인투자자, 기관투자자, 외국인투자자로 나뉘는 것을 들어봤을 것이다. 개인이면 우리를 말할 테고, 나머지는 누구일까?

속된 말로 '나쁜 사람들'이라는 이미지가 강한 기관투자자는 그 종류가 참 많다. 투자 신탁·금융 투자·보험·은행·기타 금융·연기금·사모펀드·기타 법인 등이 있다. '투자 신탁'은 운용해달라고 맡긴 돈을 의미하며 쉽게 말해 일반 펀드라고 생각하면 된다. 증권사가 자기 자본으로 거래한 부분은 '금융 투자'로 잡힌다. 고객에게 보험료를 받은 것과 예금 받은 것으로 투자하는 부분은 '보험'과 '은행'에 표시되고, '기타 금융'은 저축은행이나 새마을금고 등에서 투자한 것을 말한다.

투자자들이 가장 궁금해하면서도 무서워하고 미워하는 단체인 공공 기관의 자금을 '연기금'이라고 한다. 사적으로 모집한 소수 인원으로 만들어진 펀드를 '사모펀드'라고 부르고, 마지막으로 삼성전자 같은 사기업이 투자하면 '기타 법인'에 포함된다.

외국인은 말 그대로 외국인이 투자하는 것을 말한다. 대부분은 기관투자와 비슷하게 펀드 형태로 들어와 있다. 펀드 대부분은 지수를 추종하는 인덱스펀드가 차지하기 때문에 대형주 투자에 더 활발한 편이다. 주로 대한민국을 특정해서 펀드 자금을 늘리거나 특정 종목에 투자하기 위해 자금이 들어오기보다는 신흥국 투자가 유리하거나 불리하다는 판단이 들 때 전체 신흥국 중에 정해진 비율로 대한민국 증시에 대한 투자가 늘어나는 것이 일반적이다.

☑ 기관이 종목을 고를 때

이번에는 기관 대부분이 종목을 고르는 방법을 설명해보려고 한다. 일단 투자 방식을 두 가지로 나눌 수 있다. 하나는 바텀업(Bottom-up) 방식이고, 다른 하나는 탑다운(Top-down) 방식이다.

바텀업은 '아래에서 위로'라는 뜻으로, 먼저 회사를 분석하는 것에서 출발한다. 어떤 회사가 사업을 충분히 잘하고 있다고 판단되면 그 회사가 포함된 산업 성장성을 확인한다. 성장성이 담보돼 있다면 비슷한 일을 하고 있는 동종 업계 다른 기업과 비교해서, 자신이 관심 있는 기업이 더 경쟁력 있는지 살펴본다. 여기까지 왔을 때 괜찮다는 생각이 들면 마지막으로 전체 시장 분위기가 지금 투자해도 좋을지 본다. 좁은 범위에서 넓은 범위로 분석하기 때문에 해당 기업 상태를 가장 중요하게 생각하고, 전체 경제에 대한 부분은 상대적으로 아주 큰 문제만 없다면 괜찮다고 생각한다.

좋은 회사라면 매수한 후에 장기 보유를 생각하고 세상이 이 기업을 알아줄 때까지 버티는 투자 방향과 비슷하다. 당장 경기가 불안하다고 해도 기업이 훌륭하게 사업을 해내고 있다면 시장도 언젠가는 좋게 회복될 것이고, 그 온기가 좋은 기업에 퍼지리라는 전제로 분석하는 방법이다. 바텀업 방식은 전체 세계 경기에 대한 관심이 낮기 때문에 쉬워 보일 수 있지만 투자 순환 주기가 굉장히 긴 경우도 있기 때문에 빨리빨리 계좌에 빨간불이 찍히기를 원하는 개인투자자들이 이용하기에는 어려움이 있다.

예로 2020년 LG화학이 물적분할을 발표하고 전 국민의 미움을 받았던 이야기를 들 수 있다. 당시 나는 LG화학에 대해 긍정적인 전망을 갖고 있던 상태였기 때문에 물적분할 때문에 나오는 매도 물량은 오히려 매수의 기회가 된다고 생각했던 사람 중 하나다. 이 일과 관련해서 불안감 조성하지 말자, 기업이 성장하는 과정이다, 라는 영상을 제작해서 유튜브 채널에 올리기도 했었다.

하지만 전문성 있는 애널리스트 말을 인용하고 어떻게 설명해도 화가 난 개인투자자들을 막을 수는 없었다. 그들은 내 유튜브 채널에 찾아와서 순화한 표현으로 '기업을 옹호하는 나쁜 놈'이라는 식의 댓글을 수도 없이 달았고, 언젠가부터는 나 스스로도 기업 편에 서 있다는 착

각마저 들 정도였다.

이후 LG화학은 2차 전지 세계 1위권 기업답게 반등에 성공했고 물적분할 이전보다 주가는 더욱 치솟았다. 이미 내 마음은 너덜너덜해지고 수많은 구독자가 등을 돌리고 난 다음이었지만 말이다. 사실 LG화학은 바텀업 방식이라고 하기에도 모자랄 만큼 굉장히 빠른 반등이 나온 경우지만, 개인투자자들 대부분은 이런 기다림의 매매에 익숙하지 않다. 이렇듯 바텀업 방식은 어렵고 아니고를 떠나서 개인투자자가 시도하기에는 매매가 아닌 주주가 되는 투자이므로 쉽지 않다.

바텀업 방식의 대가라고 하면 투자자가 아닌 일반인에게도 익숙한 이름인 워런 버핏을 들 수 있다. 오랜 기간 미국 증시가 상승했고, 구조적으로 돈을 잘 벌 수 있는 회사들이 금융 위기 같은 시장 위험 때문에 흔들리더라도 결국 미국이 시행한 어마어마한 양적 완화 결과로 주가가 상승할 수 있었다. 워런 버핏은 이러한 흐름에서 가장 큰 수혜자로 등극했다. 물론 훌륭한 기업을 고르는 안목과 이 상황이 나아지기를 기다릴 수 있는 '시간'이 있어서 가능한 일이기도 했다.

탑다운 방식은 세상이 돌아가는 흐름부터 파악한다. 경기가 나쁘지 않다고 판단되면 유망할 것이라고 생각하는 산업을 찾고, 그중 가장 경쟁력이 있는 기업을 찾아내는 방식을 택한다. 탑다운 방식은 방대한 범위의 세상이 돌아가는 것을 먼저 알아야 하기 때문에 어찌 보면 상당히 어렵다. 역사적인 순환론에 기초한다. 예전에 발생했던 일은 비슷하게 또 일어난다는 것을 전제로 하고, A라는 사건이 일어났으면 B도 따라올 가능성이 매우 높다고 생각한다.

복잡한 다른 변수들이 있겠지만, 단순하게 예를 들어 시장 금리가 내려갈 때 세상에는 자금이 흘러 들어왔고, 그 자금은 높은 확률로 위험자산에 투자된다는 것과 비슷하다. 항상 그런 것은 아니지만 금리가 떨어지면 채권에 투자하기에는 기대 수익률이 너무 낮고, 은행에 예금하기에도 수익을 기대할 수 없다. 따라서 그 자금들이 위험자산이라고 할 수 있는 주식 시장으로 자연스럽게 투입되는 경우가 많았고, 앞으로도 그럴 것이라는 전제를 깔고 시장을 본다.

이번 코로나19 위기에 많은 사람들이 삼성전자에 투자한 행위는 탑다운 방식이라고 볼 수 있다. 환율과 비교하면 쉽다. 코로나19 상황이 심각해지면서 세상은 불안정해졌고, 안전자산의 인기가 높아졌다. 달러 가치는 크게 올랐고 2020년 3월 우리나라 원화는 달러당 1,280원을 뚫고 올라가며 가치가 하락했다. 하지만 그 이후 다시 급격한 안정세를 보이면서 하락하기 시작한 것을 통해 두 가지를 예측할 수 있다.

먼저 앞서 언급한 것처럼 탑다운 방식은 역사적인 순환론에 근거하기 때문에, 발발한 전염병이 결코 시장을 완전히 무너뜨리지 못한다는 믿음에서 출발하는 것이 첫 번째다. 코로나19 바이러스는 스페인 독감과도 많이 비교되는데, 그뿐만이 아니라 어떤 질병도 시장을 결국 망가

뜨리지는 못했다.

두 번째 예측은 전염병 이후 찾아오는 위험자산 매력도가 증가하는 것이다. 위험자산 매력이 올라가면 달러보다는 신흥국 통화에서 강세가 나타난다. 다른 나라에 비해 코로나19를 예방하기 위한 국민들의 노력이 빛을 발한 덕분에 확진자나 사망자 수가 상대적으로 현저히 적었던 우리나라 주가 반등 속도는 어떤 나라보다 빠를 수 있었다. 일정 기간 동안 원화 가치 상승이 나타나고 추세를 형성했다고 판단되면 환차손에 대한 두려움이 사라질 수 있다. 따라서 인덱스펀드로 대표되는 외국인 자금이 신흥국, 그중에서도 특히 대한민국 시장에 몰릴 수 있다고 예상할 수 있다.

인덱스펀드 성격상 가장 많은 자금이 투입될 곳은 시가총액 1위인 삼성전자임을 의심할 필요는 없으므로 많은 투자자들이 매수하기 적절하다고 판단한 것이다. 물론 의외로 개인투자자들이 소위 '동학개미운동'이라는 이름으로 시장에 뛰어든 덕도 있다. 병마는 생각보다 더 오래 기승을 부리고 있지만 삼성전자 주가는 예상대로 좋았으니, 매수 이후에는 삼성전자라는 개별 기업이 추진하는 사업이 무리 없이 진행되는지 지속적으로 확인하면 된다.

탑다운 분야 대가라고 하면 세계 최대 헷지펀드로 자리매김한 브릿지워터 어소시에이츠의 레이 달리오가 있다. "현금은 쓰레기다."라고 주장하며 어떠한 방식으로라도 투자에 나설 것을 강조한 인물이다. 그 역시 코로나19 이후 나타날 엄청난 유동성 공급이 화폐 가치를 떨어뜨려 자산 시장이 급격하게 상승할 것을 예견했기 때문이다. 자산 시장에서 뺑튀기가 일어나는 동안 현금을 쥐고 있다면 상대적인 가치가 하락하므로 현금이 쓰레기가 될 것이라고 다소 거친 표현을 쓴 것이다.

탑다운 방식은 경제 전반에 대한 흐름을 항상 파악하고 있어야 하기 때문에 개인투자자가 접근하기 상당히 어렵고 다소 귀찮을 수도 있다. 대신 바텀업 방식보다는 투자 기간이 짧다는 장점이 있다.

나도 개인투자자들을 도울 때는 탑다운 방식을 고수하고 있지만, 나 스스로 개인적인 투자를 할 때는 바텀업 방식으로 수 년이 걸리는 투자를 하기도 한다. 따라서 어떤 방식이 더 좋고 나쁘다를 따지는 것이 아니라, 각기 다른 장단점이 있으므로 자신에게 맞는 방식을 선택해도 좋다.

환율 없이
투자에 성공할 수 없다

03

✅ **1,000원과 2,000원 중 강한 것은?**

투자할 때 많은 사람들이 원화가 강하다 또는 약하다는 표현을 사용한다. 도대체 어떤 상황에서 원화가 강하다고 말하고 약하다고 말하는 것일까? A와 B 중 선택해보자.

A. 1달러 = 1,000원
B. 1달러 = 2,000원

답은 'A'. 1달러가 1,000원일 때가 2,000원일 때보다 강하다고 할 수 있다. 간혹 헷갈리기 쉬울 수 있는데, 원화를 기준으로 판단하면 된다. A의 경우 1,000원을 갖기 위해 1달러를 지급해야 하지만, B의 경우에는 그 절반인 50센트만 지급하면 1,000원을 가질 수 있다. 즉, 원화가 강한 경우는 원달러 환율이 낮을 때다.

주식에 투자하는 사람이라면 환율을 꼭 봐야 한다. 그 증거로 다음 차트를 확인하자.

 **1998~2020년 원달러 환율 추이**

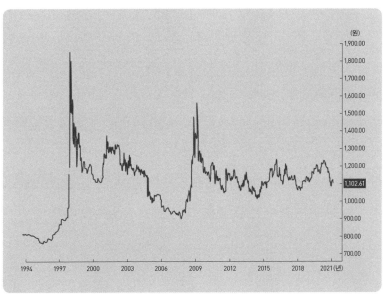

출처 : www.tradingview.com

1997년 아시안 외환 위기와 함께 찾아온 우리나라 IMF 시기를 돌아보면, 원래 1달러에 800원 수준이던 원화가 당시 2,000원 가까이 올랐다. 2000년대 초반 미국 닷컴 버블이 발생했을 때도 1,100원 남짓하던 환율은 1,300원을 뚫고 올라갔고, 2008년 금융 위기 때도 900원대 환율이 1,600원이 되었다.

이번 코로나19 사태를 겪으면서도 예전만큼 큰 변동은 아니지만 1,150원대 환율이 1,300원을 돌파하느냐 하는 위기를 겪을 만큼 급등하는 흐름을 보였다. 그렇다면 이때 우리나라 코스피 시장은 어땠을까?

1997년 외환 위기 당시 우리나라 코스피는 760포인트에서 1년 만에 277포인트까지 급락했고, 2000년 닷컴 버블 때도 역시 1년 만에 1,000포인트에서 500포인트까지 50%나 하락해버렸다. 2008년 금융 위기 때도 마찬가지다. 1,900포인트에서 2,000포인트를 넘나들던 증시는 1년도 되지 않아 900포인트를 지나 하락해서 50% 이상의 낙폭을 보였다. 이번 코로나19가 발생한 2020년 초반에도 2,200포인트 언저리였던 코스피가 1,439포인트까지 한 달 만에 36% 넘게 빠진 일이 있었다.

✅ 위기 상황에서 환율이 급등하는 이유

이 모든 위기 상황에서 환율이 급등했다. 왜 그랬을까?
우리나라는 현재 세계 10위 경제 대국이기 때문에 선진 증시에 포함된다고 생각하고 대한민국 원화 역시 세계적인 통화 중 하나로서의 역할을 한다고 생각하는 경우가 있다. 하지만 아쉽게도 아직까지 우리나라 증시나 통화는 신흥국에 속한다. 쉽게 말하자면 코스닥 같은 존재라는 뜻이다. 많은 수익을 낼 수 있을 것 같기는 하지만 어딘지 모르게 부실해 보여서 경제가 불황일 때는 피하게 되는 것 말이다. 우리는 보통 이런 것을 위험자산이라고 부르며, 대한민국 시장도 위험자산에 속하는 셈이다.

물론 상대적인 개념이기는 하지만 위험자산에 속한다는 것은 세계 경기가 안정권에 있을 때 더 많은 수익률을 기대할 수 있다는 뜻이다. 반대로 침체되는 시장에서는 투자됐던 자금이 빠르게 빠져나가기도 한다.

따라서 위에 나열한 것과 같은 굵직한 위험 이벤트가 있을 때 투자자들은 우리나라보다 미국, 유럽 등 선진 시장에 투자하는 경향이 강해진다. 우리가 코스닥 소형주를 갖고 있는데 시장이 불안해지면 일단 자금을 삼성전자 주식이나 현금으로 돌리고 '나중에 다시 사야지'라고 생각하는 것처럼 말이다.

투자자 중 외국인들은 자금을 회수해서 집으로 돌아가기 전에 환전을 한다. 환전 역시 엄연한 매매 행위다. 우리가 여행 갈 때 은행에서 원화를 팔아 달러를 사듯 그들도 투자금으로 사용하던 원화를 팔고 달러나 유로화를 사서 나간다. 우리나라에 특별히 큰 문제가 있지 않아도 자연스럽게 원화를 매도하는 물량이 집중되면서 급격한 환율 상승, 즉 원화 약세가 나타난다.

우리는 가끔 이런 생각을 한다. 외국인은 어떻게 알고 먼저 들어오고, 어떻게 알고 먼저 빠져나갔지? '우리를 등쳐 먹었네'라고 화를 내기도 하지만 사실 그럴 것도 없다. 외국인들 입장에서는 위험을 감지하고 빠르게 포지션에 변화를 주려고 했을 뿐이다. 급작스러운 외국인들의 매도나 충격을 예측할 수 없을지라도, 그들 탓을 할 시간에 환율을 유심히 지켜보고 있었다면 적어도 대응할 방법을 찾을 틈은 벌 수 있었을 것이다.

그렇다면 이번에는 외국인이 우리나라 주식을 매수하는 시기를 생각해보자. 쉽게 이해할 수 있도록 극단적인 예시를 들고자 하니 다소 비현실적이라도 감안해주기를 바란다.

예를 들어 원달러 환율이 1달러에 1,000원인 시기에 미국인이 주식 투자를 하기 위해 100달러를 싸 들고 한국에 들어왔다. 그리고 은행에서 환전한 10만 원을 모두 주식 사는 데 사용했다. 이때 한 달이 지나고 계좌를 보니 50% 수익이 나서 15만 원이 됐다고 치자.

콧노래를 부르며 이제 집으로 돌아가야겠다고 생각한 미국인이 주식을 팔고 환전하러 은행에 갔다. 그런데 문제는 그 한 달 만에 환율이 1달러에 1,000원에서 2,000원으로 뛰었다는 점이다. 벌어들인 돈을 전부 합한 15만 원을 환전했더니 75달러다. 분명 10만 원으로 바꿔서

50%나 수익을 냈는데 오히려 환전하고 나니 손해를 본 것이다. 이런 경우를 '환차손'이라고 말한다.

만약 이 미국인이 우리나라 원화 환율이 오를 줄 알았다면, 적어도 예측이라도 했다면 우리나라 주식을 샀을까? 웬만큼 수익을 내서는 손해를 메꿀 수 없다고 생각했을 테니 투자를 포기했을 가능성이 크다.

다시 반대 상황을 하나 꾸며보겠다. 원달러 환율이 1달러에 2,000원인 시기에 미국인이 한국 주식에 투자하러 100달러를 싸 들고 왔다. 은행에 가서 환전한 20만 원 전부로 주식을 샀다. 한 달이 지나 계좌를 확인했지만 주가는 움직이지 않아서 20만 원 그대로였다. 별로 수확이 없다고 생각한 미국인은 다시 집으로 돌아가기로 마음먹었다. 환전하기 위해 은행에 갔는데 글쎄, 환율이 1달러에 1,000원으로 절반가량 떨어져 있었고 갖고 있던 20만 원은 200달러로 되돌아왔다. 이렇게 주식투자로 수익을 내지는 못했지만 환율이 움직이면서 수익이 나는 상황을 '환차익'이라고 부른다.

우리나라 환율이 이만큼이나 떨어질 줄 예상했다면 이 미국인이 100달러만 들고 왔을까? 요즘 말로 소위 '영혼까지 끌어 모아' 한국 주식을 사려고 했을 것이다. 수익이 나든 나지 않든, 코로나19가 재확산되든 되지 않든 크게 손실 날 확률은 적다고 생각했을 것이다.

이렇게 원달러 환율이 내려갈 때, 즉 원화 가치가 강해질 때 외국인은 우리 증시를 매수하는 경향이 있다. 원화가 강하고 약한 현상 문제가 아니라, 미래 대한민국 원화 가치가 상승하리라는 판단이 들었을 때를 이야기하는 것이다.

제발 외국인이 우리나라 시장에, 또는 자신이 가진 종목에 빵빵한 투자를 해줬으면 좋겠다는 생각은 누구나 한다. 그러면서도 환율을 보며 지금 원화 가치가 상승하는지 아닌지 판단하고 투자하는 개인투자자는 많지 않다는 사실에 놀랐다. 이제는 외국인이 우리를 등쳐 먹는다는 생각을 접고 자주 환율 동향을 살펴보면서 시장 흐름을 파악했으면 한다.

04 증자를 하면 주식이 오를까?

✅ 증자를 한다고 무조건 나쁜 기업은 아니다

'증자'는 자본금을 증가시킨다는 의미다. 회사가 사업을 하다보면 언젠가는 돈이 모자라거나 새로 더 필요하게 된다. 물론 그동안 돈을 차곡차곡 잘 모아놓으면 좋겠지만 그렇지 않은 경우가 더 많다. 우리는 주식투자를 하면서 증자를 한다는 기업들을 심심치 않게 볼 수 있다. 그렇다면 증자를 하는 기업들의 주가는 오를까, 아니면 떨어질까?

어떤 기업은 증자를 한다는 소식에 주가가 급락해서 돌아올 수 없는 강을 건넌 것처럼 외면을 받는다.

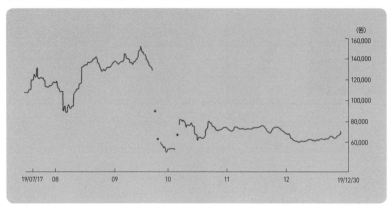

2019년 하반기 헬릭스미스 주가 추이

출처 : 유안타증권 HTS

반대로 어떤 기업은 증자한 직후에는 불안감 때문에 시장에서 노이
즈가 생겨 주가가 단기적으로 하락하지만, 곧 주가를 회복하고 급격한
상승까지 경험하기도 한다.

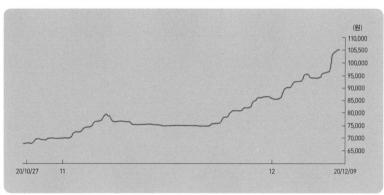

2020년 하반기 포스코케미칼 주가 추이

출처 : 유안타증권 HTS

무작정 '증자=나쁜 기업'이라고 여기는 사람들도 있지만, 어떤 기업들은 분명히 증자를 통해 기회를 잡기도 한다. 이 책을 읽는 독자들도 이번 내용을 통해 증자에 대해서 확실히 알아보자. 무서워하지 말고!

☑ 유상증자하는 기업 찾기

앞에서 간단하게 언급했지만 '증자'는 회사 자본금을 늘리는 기업의 행동이다. 어디선가 자금을 끌어온다는 뜻인데, 먼저 아래 두 가지 방법으로 나눌 수 있다.

가장 편한 것은 은행이든 어디든 간에 돈을 빌려오는 방법이고, 두 번째로 새로운 주식을 발행하는 방법도 있다. 어디선가 빌려오는 방법은 남의 돈이므로 '타인자본 조달'이라고 하고, 신주 발행은 '자기자본 조달'이라고 말한다. 우리가 주목해야 할 부분은 두 번째 방법인 신주를 발행하는 기업 행동이다.

증자는 또 다른 식으로 두 종류로 나눌 수 있는데 바로 '무상증자'와 '유상증자'다. 무상증자는 새로운 주금 납입 없이 자본 전입을 통해 주식 자본을 늘려놓은 상태에서, 같은 금액만큼 신주를 발행하여 주주들에게 지분 비율에 따라 나눠주는 방법이다.

한편 유상증자는 신주를 받는 사람이 주금을 납입하고 그 금액만큼 주식을 받아가는 방법이다. 대부분 유상증자를 할 때는 현재 주가에서 일정 부분 할인한 가격으로 판매한다. 같은 주식 수가 세상에 많아지면 자연스럽게 가치가 희석되며 주가가 떨어질 수 있기 때문에 이 현상을 반영해서 발행하는 것이다. 맨 처음 주식이 만들어졌던 때와 같은 가격인 액면가로 발행하는 것을 '액면발행'이라고 하지만 이런 경우는 거의 없다. 그렇다고 시가발행을 하지도 않는다. 주가가 어떻게 될지 모르는데 지금 가격으로 발행한다고 하면 참여할 사람이 어디 있을까?

물론 그냥 은행에서 빌리면 되지 않느냐고 말할 수도 있다. 하지만 회사 입장에서는 은행에서 빌리든, 채권을 발행하는 방법으로 자금을 마련하든 결국 이자를 지급해야 한다. 언젠가는 원금도 갚아야 하고 말이다. 증자는 그럴 필요가 없게 되므로 혹여나 주가가 급락할지도 모른다는 우려만 없다면 가장 편하고 좋은 방법인 셈이다. 그런데 시장에서는 이렇게 증자를 한다는 발표가 있을 때, 특히 유상증자일 때 주가가 급락하기도 하고 급등하기도 한다. 그 이유는 대부분 증자 목적에 따라 결정된다.

만일 사업이 너무 잘되고 앞으로 성장도 기대되는 상황에서 어떻게든 자금을 마련하여 공장을 새로 짓고 생산량을 늘리는 것으로 승부를 봐야겠다는 목적이라면, 유상증자에 참여하는 주주들의 마음도 회사와 함께할 가능성이 크다. 일단 한 회사에 투자한다는 것은 그 회사가 하는 사업에 대한 믿음이 어느 정도 있다는 뜻이고, 회사가 이번 기회에 제대로 성장하고자 도전하는 행위를 마다할 이유가 없다. "우리 회사가 이번에 주문이 굉장히 몰려서 지금 공장으로는 감당이 안 된대! 증자해서 공장 새로 짓고 단번에 승부를 볼 거라는데?"라는 상황이라면 주주로서 기꺼이 주금을 납입하고 유상증자에 참여할 마음이 생길 테다. 따라서 유상증자 이후 기업 주가가 크게 흔들리지 않는다. 가끔은 오히려 새로운 매출 확대에 대한 기대감으로 주가가 큰 폭으로 상승하기도 한다.

하지만 우리가 궁금해하고 이야기하고자 하는 쪽은 그 반대가 아닐까 싶다. 생각보다 회사에 빚이 너무 많아서, 즉 채무 비율을 낮추지 않고는 이자 부담이 커서 금융 비용을 감당하기 힘들다는 이유로 증자를 하는 경우도 있다. 또는 기업 신용도가 떨어질 위기에 처해 있다거나 하는 재무 건전성 문제를 해결하기 위한 증자도 있을 수 있다. 한 마디로 '유상증자로 기존 또는 신규 주주들 자금을 끌어들여서 빚 좀 갚자'는 말과 다를 바가 없다.

기존 주주라면 충분히 둘을 구별할 수 있다. 유상증자를 하게 되면 그 목적을 기재한 내용을 공시하게 되는데, 목적에 '채무 변제'가 지나치게 높은 비율을 차지한다면 의심해볼 필요가 있다. 대부분 유상 증자 이후에는 주가가 높은 변동성을 보이기 때문에 신규로 상장되는 주식 가격은 기존 주가 대비 상당한 폭으로 할인된 경우가 많다. 이때 기존 주주는 실망감을 드러내며 매도하게 된다.

요즘은 사실 이런 경우가 훨씬 많아서 걱정이다. 어떤 신약을 개발한다고 온갖 매체를 통해 선전하고 임상 1상, 2상, 3상 등 일반투자자는 잘 알지 못하는 단어들로 기대감만 높인다. 이런 식으로 주가를 올려놓고 어느 수준이 되면 유상증자를 단행하여 주가를 망쳐놓는 경우가 많다. 이런 기업들이 추진하는 사업은 보통 어려운 단어로 돼 있고 복잡하기 때문에 반드시 관련 전문가의 견해를 들어보는 편이 좋다. 나름 전문가인 내가 들어도 한국말이 맞는지 싶을 정도로 어렵게 장황하고 환상적인 사업 비전을 늘어놓는 빈 깡통 같은 회사가 많다. 어떤 기업에 투자할 때는 그 기업의 실질적인 성장성과 사업 구조를 확실히 아는 것이 피해를 막는 지름길이다.

또 하나, 100%라고 할 수는 없지만 유상증자를 하는 기업을 구별해 볼 수 있는 방법이 있다. 바로 유상증자 하는 주식이 누구를 대상으로 하느냐다. 유상증자에는 특정인을 콕 집어서 하는 제3자 배정 유상증자가 있고, 기존 주주에게 신주 인수권을 주는 증자도 있다. 아예 공모할 때처럼 새로운 투자자를 모집하는 유상증자도 있다. 이 중 제3자 배정 유상증자를 할 때 오히려 투자 기회가 생길 수도 있다.

예를 들어 A라는 작은 반도체 관련 회사가 제3자 배정 유상증자를 한다. 그 증자를 받아가는 상대가 삼성전자일 때, 삼성전자가 A 지분을 취득하고 A가 가진 물량을 독점 공급 받겠다는 이야기가 될 수 있다.

이른바 정략결혼 비슷하게 생각하면 된다. 이제 A회사는 삼성전자가 늘려준 자금으로 새로운 공장을 지을 수 있고, 증가한 물량을 안정적으로 공급할 수요처까지 확보하는 셈이 된다. 예상 실적이 크게 늘면서 당연히 주가 반응도 좋아진다.

반대로 똑같은 제3자 배정이라고 해도 A회사 사업과는 전혀 관련이 없는 재무적 투자자를 대상으로 하는 유상증자가 있을 수 있다. 항상 그런 것은 아니지만 단순히 대주주가 자신의 우호 세력을 넓히기 위해 하는 증자인 경우가 많기 때문에 이런 기업은 주의할 필요가 있다.

다음으로 무상증자를 알아보자. 무상증자는 앞서 말한 것처럼 새로운 주금 납입 없이 이뤄지기 때문에 그 재원은 기존 잉여금에서 온다. 잉여금을 자본금 쪽으로 옮기면서 그 금액만큼 주식을 새로 발행하여 주주들에게 나눠주는 것이다. 이런 짓을 왜 하는 것일까?

무상증자를 하는 가장 최선의 이유는, 회사 잉여금이 많다는 것을 대외적으로 홍보하기 위해서다. 물론 대주주가 주식을 배정 받기 위한 이유도 있지만, 기존 주주들에게 무상으로 회사에 남은 돈을 나눠주는 셈이기 때문에 돈 좀 버는 회사라는 이미지와 주주 친화적인 기업이라는 이미지를 내세울 수 있다. 다른 사람들 눈에 투자하기 좋은 회사로 보이면서 주가가 상승할 수도 있다.

그렇다고 항상 주가가 오르지는 않는다. 무슨 돈이 있다고 무상증자를 하는지 의아한 회사들노 더러 있는데, 이는 무상증자를 악용하는 사례인 경우가 대다수이므로 주의해야 한다. 예를 들어 시가총액이 딱히 크지 않은 B라는 소형 기업이 있다고 하자. 무상증자는 주로 긍정적인 효과를 주기 때문에 누군가가 미리 기업 오너와 합을 맞추고 주식을 매수해둔다. 매수가 전부 끝나고 나서야 무상증자를 발표하여 주가가 순간적으로 상승하면 그 폭만큼 이익을 취하려고 한다.

물론 이런 일은 불법이고 범죄지만 어쨌든 일어날 수 있는 일이다. 따라서 무상증자는 무조건 좋다고 생각할 것이 아니라, 이를 알고 있는 편이 좋다. 그래도 이것은 구별이 쉬운 편이다. 재무제표를 미리 공부하면 어떤 기업이 무상증자를 한다고 할 때 그만큼 이익이 잘 나고 잉여금을 쌓을 만큼 실적을 꾸준히 보여왔는지 파악할 수 있다. 이것만 확인해도 주주에게 이익을 돌리고 회사 이미지를 좋게 하기 위한 무상증자인지 아닌지 정도는 판단할 수 있다.

투자하기 좋은 때는 언제일까?

✅ 물가가 폭등한다는 경고

예일대학교 교수 스티븐 로치(Stephen Roach)는 코로나19가 예상보다 빨리 진정되지 않고 향후 1년 이상 지속된다면 각국 중앙은행은 계속 통화를 공급하게 될 것이고, 결국 스태그플레이션(Stagflation)이 올 수 있다고 경고했다. 이미 코로나19가 확산된 지 1년이 다 됐기 때문에 어쩌면 그가 말한 조건은 물가 상승률만 올라오면 충족될지도 모르겠다.

스태그플레이션이란 침체를 의미하는 단어인 'stagnation'에 물가 상승을 의미하는 'inflation'이 합성된 단어다. 한 마디로 경기는 침체기인데 물가는 오르는 저성장 고물가 상태라는 말이다. 대부분 자연 상태에서 경기가 좋을 때는 물가가 상승하고 경기가 나쁘면 물가가 떨어진다고 알려져 있다. 하지만 스태그플레이션 상태에서는 가계 수입과 물가 간 격차가 벌어지면서 기존 상식에서 벗어나는 현상이 발생한다.

정부가 퍼 주는 자금으로 억눌렸던 소비기 폭발힐 수 있는 반면, 코로나19 때문에 글로벌 공급망이 붕괴되면서 공급은 적고 수요는 많은 현상이 발생할 수 있다. 이에 따라 스티븐 로치 교수는 두 자리 수의 인플레이션이 온다고 경고한 것이다.

이번 코로나19 사태를 겪으면서 세계 각국이 내수 챙기기에 여념이 없는 터라, 이전에 극도로 국제화됐던 서플라이 체인(Supply Chain)이 각 국경으로 돌아갈 조짐이 보이므로 이 경고가 이해되기는 한다. 서플라이 체인을 글로벌화했던 이유는 각자 잘하는 일을 분업하자는 측면이었고, 생산 비용을 감소하는 역할도 했다. 이것이 다시 국경 안으로 들어가면 생산 비용이 증가하면서 결국 소비자 물가 상승을 이끌 수도 있을 것이다.

각국 정부는 이번 위기를 극복하기 위해 아주 비정상적일 정도의 자금을 풀었다. 미국이 국내총생산(GDP) 대비 15% 가까운 자금을 쏟아부었고, 일본과 독일도 GDP 대비 10% 가까운 자금을 공급해서 경기 회복을 노린 만큼 세상에 돈은 넘쳐나고 있다.

그런데 앞서 언급한 전망이 무색할 정도로 물가 상승은 최근 나타나지 않았다. 코로나19 발생 이전에도 물가는 크게 오르지 않았고, 미국 연준이 매번 회의에서 '목표 인플레이션은 2%'라고 밝히지만 이 수치를 달성하는 것도 쉽지 않았다.

그 이유로 고령화와 인구 증가율 감소를 꼽는다. 출산율 감소로 일을 할 수 있는 나이대 인구가 적어지면서, 돈을 벌고 쓰며 물가가 오르는 과정이 원활하게 이뤄지지 않는다. 미국을 기준으로 보면 생산 가능 연령대 인구 증가율이 1990년대부터 감소하기 시작해서 2020년대 후반이 되면 0%가 된다는 유엔(UN)의 전망도 있다.

인구 통계학적으로는 그렇고, 사실 이전까지 물가 상승이 일어나지 않은 데에는 글로벌 서플라이 체인의 효율적인 분업화가 만든 영향도 크다고 생각한다. 또, 기술 발전은 대규모 생산을 통해 생산 단가를 떨어뜨린 반면 점차 자동화되는 설비 때문에 사람이 필요 없어지면서 근로자 임금 협상력은 더 떨어질 수밖에 없다. 자연스럽게 대체가 불가능한 인력과 대체가 가능한 인력 간 임금 격차는 벌어지게 되고, 그렇게 벌어들이는 돈에 비해 소비 비중이 높은 저소득층의 부가 늘지 않으면서 물가가 상승할 여지를 주지 않았다.

이런 상황에서 코로나19가 발생했고 각국은 재정 정책을 확대하면서 많은 돈을 공급했다. 이것은 물론 정부 부채가 되는데, 미국만 하더라도 2021년 정부 부채가 GDP 대비 108%까지 많아지면서 이자 부담이 커질 전망이다. 부채가 많으면 성장에 방해되기 마련이지만 그렇다고 지금 이 부채를 갚을 수도 없는 노릇이다. 부채를 갚는다는 것은 풀어놓은 통화량을 거두겠다는 의미고, 갑작스러운 긴축은 경기 발작을 가져올 수 있기 때문이다.

이 부채를 유지하기 위해서는 빠져나가는 이자율보다 성장률을 더 높게 만들면 된다. 성장률이 이자율보다 높으면 갖고 있는 부채가 크게 느껴지지 않을 테니까 말이다. 하지만 지금 당장 성장률을 끌어올릴 수는 없으므로 이자율을 극단적으로 낮춰놓으면 된다. 따라서 미국 연준은 완화적인 현재 통화 정책을 유지할 수밖에 없을 것이고, 2020년 6월 연방공개시장위원회(FOMC)에서는 2022년까지 제로금리를 유지하겠다고 이례적으로 장기간 전망을 발표해서 시장을 안심시켰다.

결론적으로 자금은 시장에 꾸준히 공급될 가능성이 크다. 대신 그만큼의 물가 상승률 급등이 나오기는 어렵다고 본다. 2021년에 미국 물가 상승률이 1%대를 다시 회복한다는 전망 정도가 가능할 뿐이지, 우리가 대인플레이션(Great Inflation)이라고 부르는 1965년부터 1982년까지의 시대와 비슷한 물가 상승은 나오지 않을 것이라고 생각한다.

대인플레이션 시대인 1965년부터 1970년까지는 고용 증대와 연평균 5.0%의 소비자 물가 상승이 있었고, 1971년부터 1982년까지는 두 번의 석유 파동으로 상품을 생산하는 데 들어가는 원재료 가격이 급등하면서 연평균 8.5%의 물가 상승이 있었다.

☑ 아직 시장 상승은 끝나지 않았다

　일부에서는 이런 의견도 있다. 정부 부채가 그만큼 많이 늘었기 때문에 부채의 실질 가치를 낮추기 위해 정부가 나서서 화폐 가치를 떨어뜨림으로써 인플레이션을 유발할 수도 있지 않느냐는 것이다. 분명 화폐 가치가 떨어지면 가진 빚의 상대적인 무게가 낮아지는 것은 맞다. 하지만 물가 상승률을 억지로 끌어올리면 저소득층은 살아남을 수가 없고 결국 사회는 무너지게 된다.

　따라서 이번 위기 때문에 풀어놓은 통화가 사회에 스며들고, 이 상황이 극단적인 인플레이션을 일으켜서 또 다른 경기 침체를 만들어낼 확률은 낮다고 생각한다. 물가 상승률이 보통 이상으로 오르지 않는 상태에서 자산 가격에만 버블이 형성될 가능성이 높은 시장이다.

📈 2010 ~ 2019년 통화량과 주식 시장

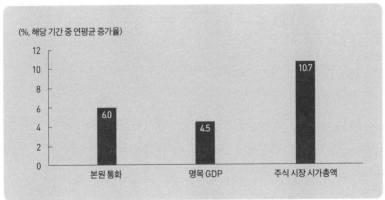

출처 : 블룸버그(Bloomberg)

금융 위기 이후 2010년부터 2019년까지 미국 연준과 정부는 많은 돈을 풀었지만 통화량 증가율이 연 6%, 명목 GDP가 연 4.5% 증가한 것에 비해 주식 시장 시가총액은 연평균 10.7%나 증가했다는 통계를 보더라도 풀린 돈이 실물 시장보다는 자산 시장으로 들어오는 비중이 더 많다는 것을 알 수 있다.

고통지수와 S&P500 PER과의 관계

출처 : Bureau of Economic Analysis, Bureau of Labor Statistics

위의 그래프는 'Misery Index', 즉 고통지수와 S&P500 PER과의 관계다. 고통지수는 핵심개인소비지출과 실업률을 더해서 구한다. 소비지출이 많은데 실업률이 높다는 것은 물가 상승 때문에 필요한 돈은 많은데 실업 상태이므로 고통스럽다는 것을 의미한다. 반대로 물가가 낮아서 지출이 적은데 실업률도 낮다면 덜 고통스럽다.

이 지표는 사람들이 실제 피부로 느낄 수 있는 삶의 질과 관련돼 있는데, 수치가 코로나19 직전까지만 하더라도 역사적인 저점 수준에 있었다. 물론 코로나19 시기에 급등하기도 했지만 일시적일 뿐 정상 수준으로 돌아오는 중이다. 또한 대부분 고통지수와 주가의 방향성이 반대를 가리키고 있는 것으로 미뤄 본다면 아직 시장 상승은 끝나지 않았다고 여겨진다.

결론적으로 물가가 오르는 인플레이션이 나타날 가능성은 낮다. 따라서 금리가 올라갈 가능성도 낮고, 대신 공급된 자금이 자산 시장으로 몰리면서 자산의 인플레이션 가능성이 높은 만큼 투자하기 좋은 시절이 지속될 것이라고 예상된다.

주식 시장이 휘청일 때 버티는 법

✓ __코로나19로 배우는 주식 시장 대처법__

언젠가부터 나는 '주식 시장이 휘청일 때는 이렇게 하는 것이 좋다'고 한 마디로 정의하는 자체가 불가능하다는 사실을 깨달았다. 그래서 최근 주가가 흔들리다 버텨내고 상승하기까지 했던 때의 예시를 들어, 결론에 이르렀던 과정을 쉽게 돌이켜보고자 한다.

2020년 하반기로 돌아가보자.

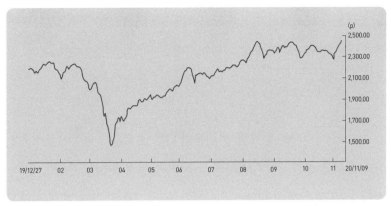

📈 2020년 코스피지수 추이

출처 : 유안타증권 HTS

　상반기에 코로나19 바이러스로 큰 재앙을 겪고 치솟은 증시가 8월에 고점을 형성하고 나름 10%에 가까운 등락 폭을 보이며 횡보하고 있던 때다. 더블딥(Double Dip)이라는 말이 들리며 불안감을 조성하고 있었고 3월에 겪은 충격적인 하락을 또 경험하게 되리라고 경고했다. 더블딥은 W자형 불황을 말하는데, 침체 직후 잠시 반등한 경기가 얼마 못 가서 다시 불황에 빠지는 흐름을 뜻한다. 이 시기에는 2차 확산 시 발생할 수 있는 위험에 대해 과거 스페인 독감과 비교하기도 했다.

　다른 한편에서는 나와 같은 생각을 하는 사람들이 미국 대선 직후 시장이 반등할 것이라고 투자자들을 달래던 시점이기도 하다. 이번 대선은 특이하게 선거가 끝나고도 잡음이 상당히 많았고, 승리한 사람이 바이든인지 트럼프인지도 불확실했다. 그래서 트럼프가 재선에 성공할 경우와 바이든이 당선될 경우를 나누어 어떤 일이 벌어질지 연구하고,

행여 소송전이 지속된다면 어떻게 해야할지 그 경우의 수까지 생각했다. 트럼프가 재선하면 이전에 투자하던 흐름에서 바뀔 것이 없고, 바이든이 당선되면 그에 맞게 짠 시나리오대로 투자 전략을 이행하면 될 일이었다.

하지만 이번에는 달랐다. 바이든의 대통령 당선 가능성이 높았으면서도 상원을 공화당이 차지하게 되면 '바이든이 원하던 증세는 될지', '대형 IT 기업들에 대한 반독점 규제가 될지', '기다리고 있던 미국 재정 부양책을 상원에서 막지는 않을지' 등 시간이 흘러야 알 수 있는 변수가 너무 많았다. 우리는 투자를 할지 말지 결정해야 하는데 말이다.

따라서 주식을 사되 미국 소식에 특히 귀를 기울이자는 전략을 선택했다. 역사적으로 대선 이후 주가가 상승하는 경우가 많았기 때문이다. 그다음으로 과연 어떤 종목이나 업종을 선택해야 할지 판단해야 할 문제가 남았다.

☑ 소재와 IT 분야는 제 갈 길 간다

이런 모든 변수가 필요 없는, 누가 대통령이 돼도 상관없으면서 부양책이 나오는 것과도 큰 관련이 없는 업종은 무엇이었을까? 결론부터 말하자면 시장은 코스닥보다는 코스피였고, 업종은 소재와 IT였다.

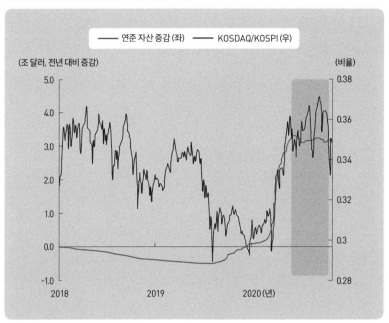

연준 자산 증가와 한국 증시의 관계

출처 : 블룸버그(Bloomberg)

코스피를 선택한 이유부터 알아보자. 위의 그래프는 연준 자산 증감에 따른 코스피와 코스닥 상승률 차이를 나타낸 것이다. 회색 선은 코스닥을 코스피로 나눈 것이기 때문에 분자인 코스닥이 코스피보다 상승 폭이 더 클 때 올라가고, 반대로 코스닥 수익률이 코스피 수익률보다 적을 때 내려간다. 그리고 붉은 선은 연준의 양적 완화가 활발하면, 즉 유동성 공급이 많아지면 올라가고 공급이 줄어들면 내려간다.

이제 그림을 해석해보면, 연준 자산이 증가할 때 코스닥 수익률이 코스피 수익률보다 좋다는 것을 의미한다. 하지만 이 시기는 제로금리를 낮춘 연준이 "이제는 재정 정책에 힘을 줘야 할 때"라고 선을 그어 추가적인 통화 완화 정책에 대한 기대가 낮을 때다. 그렇다면 연준 자산이 더 이상 늘어나지 않는 상황이 계속된다고 예상할 수 있고, 따라서 코스피 수익률이 코스닥 수익률을 상회할 가능성이 높았다.

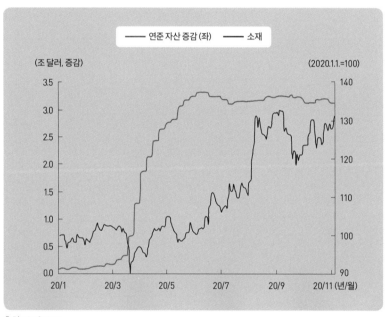

📈 연준 자산 증감과 소재 업종 주가 추이

출처 : Refinitiv

우측 세로축은 2020년 1월 1일 소재 업종 전체 주가를 100으로 가정했을 때 상승 정도를 의미함.
(예: 2020년 1월 1일보다 10% 상승했다면 110, 10% 하락했다면 90)

업종 중에는 소재와 IT 업종을 선택했다. 소재 업종은 2차 전지 소재 등을 포함하고 있다. 2020년 소재 업종은 연준 자산이 늘어나는 3월부터 6월까지 상승했고, 연준 자산 증가가 멈춘 이후에도 계속 상승했다. 즉, 유동성이 공급되는 때와 아닌 때를 막론하고 업종 전체가 성장에 대한 기대감으로 상승세를 지속한 것이다.

연준 자산 증감과 IT 업종 주가 추이

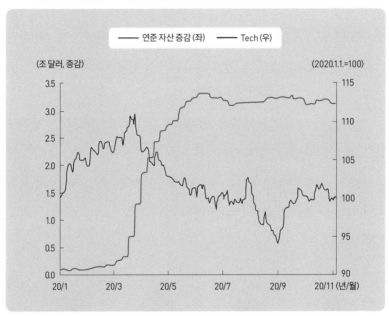

출처 : Refinitiv

반면 IT 기술주는 연준 자산이 늘어날 때 상승하기도 하고 하락하기도 했으며, 연준 자산 증가가 멈췄을 때도 똑같이 상승과 하락을 반복했다. IT 업종은 자기 갈 길 간다는 표현이 어울리듯, 이슈에 크게 흔들리지 않고 피해를 특별히 확대하지도 않으면서 좋은 시장에서는 수익을 낼 수 있는 업종이라고 판단했다.

이렇게 설명해놓고 보니 주식에 '잘' 투자하려면 참 많은 과정을 거쳐야 한다는 생각이 들기도 하고 특히 초보들에게 어렵겠다는 생각을 지울 수가 없다. 이 책 초반에 개인투자자가 선택할 수 있는 투자 방법 중 바텀업이 있고 탑다운이 있다고 이야기했다. 개인투자자가 선택하기에 탑다운이 편하다는 말도 했었는데, 이번에 설명한 내용이 탑다운 방식에 가깝다.

그래서 이 과정을 독자들이 따르려면 시간이 필요하겠다는 생각도 들고, 단순한 차트 기법에 의존하게 되는 마음도 어느 정도 이해가 된다. 하지만 이런 방식이 결국은 시장에서 승리하는 방법이라는 점을 이 책이 끝날 때쯤에는 알게 되리라 생각하고, 반드시 스스로 할 수 있으리라 믿는다.

주식 암호 해독하기 : PER·PBR·ROE·EV/EBITDA

☑ 투자할 기업을 평가하는 지표

"PER이 뭐야?"

"음, PER이 높으면 비싼 거고 PER이 낮으면 싼 거야."

PER에 대한 질문에 이렇게 대답하면 가장 잘한 것이 아닐까 한다. 그 외에도 모양이 거의 비슷하게 생긴 PBR을 보고 PER의 오타가 아닌지 생각해본 독자도 많으리라 생각한다. 괜찮다. 나도 그랬다. 그래서 이번 주제는 분명히 알고 있는 것 같지만 설명해달라고 하면 선뜻 입을 열기 어려운 몇 가지 용어에 대해 말해보고자 한다. 해당 용어들은 특히 어떤 회사에 투자하기로 결정할 때 예전보다 잘하고 있는지 아닌지를 판별하는 중요한 지표로 사용되므로 잘 알아두자.

① PER(Price Earning Ratio) : 주가수익비율

주가를 주당순이익으로 나눈 값으로, 수익성 대비 주가가 어느 정도인지를 나타낸다. 쉽게 말하자면 돈 벌어들이는 수준 대비 이 정도 주가구나, 돈을 몇 년 동안 벌면 이 회사의 시가총액이 되겠구나 알 수 있는 지표다.

예를 들어 A회사 시가총액이 100억 원에 이익이 10억 원이면 PER은 10이다. 그리고 B회사 시가총액이 100억 원이고 이익이 20억 원이라면 PER은 5가 된다.

A회사는 1년 수익 10억 원 대비 10배짜리 회사라서 PER이 10이지만, B회사는 1년 수익 20억 원 대비 5배짜리 회사이기 때문에 PER이 5가 되는 셈이다. 두 회사를 비교하자면 A와 B 둘 다 시가총액이 100억 원으로 같지만, A회사는 1년에 10억 원의 이익을 내고 B회사는 같은 기간 동안 20억 원의 이익을 낸다. 따라서 B회사가 A회사에 비해 더 저평가 구간에 있다고 할 수 있다.

물론 두 회사가 비슷한 업종이고, 어느 한 쪽이 고평가나 저평가를 받을 만한 특별한 사유가 없다는 가정하에 그렇다는 뜻이다. 이런 상황이라면 A회사 주가가 고평가되었기 때문에 주가가 하락하든가 B회사 주가가 저평가되었기 때문에 주가가 상승해서 차이를 줄이게 될 수 있다. 따라서 매수한다면 B회사 주식을 사는 것이 더 유리하다. 이때 두 회사가 각기 다른 업종이라면 비교 자체가 의미 없다는 사실을 주의해야 한다.

PER은 다른 경우에도 사용할 수 있다. 어떤 회사 PER이 수년간 10 정도에 머물렀는데 갑자기 7이 됐다고 가정해보자. 무슨 특별한 사정이 있다면 모르지만, 이익은 똑같은데 주가만 내려갔다면 다시 평균적인 PER 수준으로 돌아올 가능성이 높다고 볼 수 있다. 이때 그 종목은 저평가 매력이 있다.

② PBR(Price Book-value Ratio) : 주가순자산비율

PBR은 주가와 한 주당 순자산 가치를 비교한 것으로, 순자산에 비해 한 주당 몇 배로 거래되고 있는지를 나타낸다. 다시 말해 재무 상태 대비 주가가 어느 정도인지를 판단하는 것이다. PBR이 1이라고 하면 시장에서의 이 회사 가치와 순자산이 딱 맞다고 생각하면 된다. 한편 PBR이 1보다 낮으면 장부상 순자산 대비 주가가 더 낮게 평가되고 있다는 뜻이기 때문에 다른 제반 비용을 고려하지 않는다면 이 회사가 망해서 청산하게 되더라도 지금 시가총액보다는 더 비쌀 것이라고 생각하면 된다.

③ ROE(Return On Equity) : 자기자본이익률

ROE는 투입한 자기자본이 얼마만큼 이익을 냈는지 나타내는 지표다. ROE가 높으면 투입한 자본 대비 당기순이익을 많이 거뒀다는 뜻이므로 잘했다고 평가 받을 수 있고, 효율적이었다고도 할 수 있다. 반면, ROE가 낮으면 효율이 떨어지는 기업이라고 볼 수 있다.

하지만 ROE는 상대적인 지표이기 때문에 업종마다 상당히 다르다. 따라서 다른 업종인 기업들 간 비교는 의미가 없고, 그보다는 특정 기업 ROE가 잘 유지되고 있는지, 상승세인지 확인하는 것이 도움 될 수 있다.

단, ROE에도 기준이 있다. 자신이 투입한 자본 대비 거두는 당시의 순이익이 시중금리보다 낮은 경우에는 '적금이나 들 것을 뭐 하러 스트레스 받아가며 사업하나' 싶은 생각이 들기 마련이다. 그런 경우에는 이 사업이 비효율적이라고 이야기할 수 있다.

④ EV/EBITDA

기업의 시장 가치를 뜻하는 EV(Enterprise Value)를 세전영업이익, 즉 EBITDA(Earnings Before Interest, Tax, Depreciation and Amortization)로 나눈 값이다. 즉, 이자나 세금, 감가상각 등을 반영하기 전 이익으로 계산할 때 몇 년 정도면 회사 가치가 되겠다는 것을 나타내는 지표다. EV/EBITDA는 PER과 아주 비슷하기는 하지만 조금 다른 부분이 있다.

예를 들어 A회사 시가총액이 100억 원에 빚이 100억 원, 1년 이익은 10억 원이라고 가정해보자. 10억 원의 이익이 10년 동안 쌓이면 100억 원이 되므로 PER은 10배라고 할 수 있다. 하지만 EV/EBITDA의 EV에서 부채도 자산이기 때문에 시가총액 100억 원에 빚 100억 원을 더하면 기업 시장 가치는 200억 원이다. 따라서 EV/EBITDA도 20이 된다. 한 마디로, 우리가 이 기업을 인수한다면 부채까지 떠안는 셈이므로 몇 년이 지나야 본전을 뽑을 수 있겠다고 예상할 수 있는 지표가 바로 EV/EBITDA다.

이 수치가 낮으면 저평가, 높으면 고평가라고 단순히 이야기할 수는 없다. 물론 반대로 단순히 높다고 투자에 적합하지 않은 것도 아니지만, 특히 성장주에서 이 지표가 아주 높은 경우가 있다. 그중 몇몇 헛된 기대를 품은 기업들이 이익은 없는데 부채만 잔뜩 갖고 있어서 EV/EBITDA가 높을 수도 있으므로 주의할 필요가 있다.

✅ 그림으로 이해하는 기업 가치

최대한 쉽게 풀어 설명하려고 했지만 역시 어렵게 느끼는 독자들도 있을 것이다. 이번에는 그림을 보면서 정리해보자.

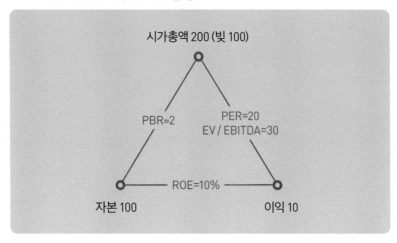

PER·PBR·ROE·EV/EBITDA 관계도

시가총액 200 (빚 100)

PBR=2

PER=20
EV / EBITDA=30

ROE=10%

자본 100

이익 10

자본 100억 원, 이익은 1년마다 10억 원, 시가총액 200억 원에 부채가 100억 원인 회사가 있다. 그림과 같이 PBR은 시가총액/자본의 값인 2가 되고, PER은 시가총액을 이익으로 나눈 20이 된다. ROE는 자본 100억 원 대비 이익 10억 원이므로 10%가 되고, EV/EBITDA는 부채 100억 원 을 시가총액에 더한 총 300억 원을 이익으로 나눈 값인 30이 된다.

PBR = 시가총액 / 자본 = 200 / 100 = 2

PER = 시가총액 / 이익 = 200 / 10 = 20

ROE = 이익 / 자본 = 10 / 100 = 10%

EV/EBITDA = (시가총액+부채) / 이익 = (200+100) / 10 = 30

마지막으로 기업 하나를 예로 들어보자.

📈 어떤 기업의 투자 지표

	2018	2019	2020E	2021E	2022E
ROE(%)	1.0	NA	8.2	9.2	10.9
PER(배)	168.0	NA	70.5	55.2	42.3
PBR(배)	1.7	2.5	5.0	4.5	4.1
EV/EBITDA(배)	36.3	28.6	42.2	29.1	23.1

* E는 '예상치', NA는 '해당 없음'을 나타냄

📈 어떤 기업의 주가 추이

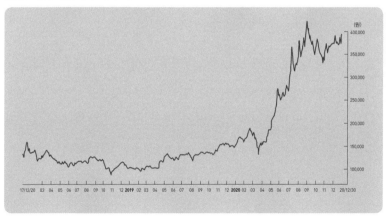

출처 : 유안타증권 HTS

위 자료에서 2018년부터 2019년까지 본 회사의 주가는 큰 변화가 없지만 PBR은 1.7배에서 2.5배로 상승했다. 주가 변동이 없었으므로 시가총액은 그대로인데 PBR 값이 오른 이유는 무엇일까? 2019년 ROE와 PER이 NA인 것을 볼 때 이 기업은 2019년에 적자를 봤다. 따라서 자본이 줄어들면서 PBR이 높아진 것이다.

당시 2020년에 흑자 전환을 하지만 주가 급등으로 시가총액이 늘면서 PBR은 5.0배가 예상됐다. 그런데도 PER은 2018년 168배에서 2020년 70.5배가량으로 줄어들게 된다. 70.5배라는 수치만 보면 낮다고 할 수 없지만 2018년과 현저히 차이 난다는 점이 주목할 만하다. 주가 급등에도 불구하고 이익이 더 크게 상승하면서 PER이 낮아지게 된 것이다. 그렇다면 2018년에 이 회사가 받던 기대감의 크기를 생각했을 때, 2020년에 벌어들인 돈에 비하면 주가가 많이 오르지 않았다는 해석이 가능하다.

이 회사는 바로 카카오다. 성장주로 굉장히 높은 PER의 기대를 받았고 주가로도 반영됐다. 늘어나는 이익이 주가 상승을 증명하는 셈이다. 앞으로 2021년, 2022년 PER이 더 낮아지면서 시장이 형성한 높은 주가에 대한 이익을 보여줄 수 있는지는 카카오의 과제가 될 것이다.

선물투자하면
패가망신한다?

✅ 선물투자 VS 주식투자

영어로는 'present', 'gift'로 표현되는 선물은 언제나 받고 싶은 것이
진리다. 누군가에게 기쁨을 줄 수 있는 좋은 수단이다.

여기까지는 투자 초보들에게 다소 어려울 수 있었던 내용을 환기하
는 차원의 농담이었고, 이제 정말 금융 시장에서 말하는 선물에 대해
알아보자. 이때 선물은 영어로 'futures'다. 미래 가치에 대한 투자라고
보면 된다. 이런 의미만 놓고 생각하면 주식과 크게 다르지 않다고 느
낄 수 있지만, 사실 많은 차이가 있다.

나는 주식투자하는 사람들에게 웬만하면 선물투자는 하지 말라고

조언하는 편이다. 일반적으로 선물투자를 하면 패가망신한다, 빚진다 고들 하는데 일단 그것은 오해다. 선물은 투자하기 충분히 좋은 상품이고 잘만 하면 큰돈을 벌 수 있다. 그런데도 내가 말리는 이유는, 선물투자는 사전 교육과 훈련이 충분히 필요한데 개인투자자들은 대개 그 시간을 견디지 못하고 실전 매매를 시도하다가 큰 손해를 보는 경우가 많기 때문이다. 그렇다면 본격적으로 선물이 주식과 어떤 차이가 있는지 살펴보자.

첫째, 선물은 실물이 아니다. 부끄럽지만 나와 같은 유사투자자문업 종사자들 중 이런 말을 하는 사람들이 있었다.

"금 선물을 사고 결제일까지 포지션을 청산하지 않으면 집으로 금이 배달된다."

포지션을 청산한다는 말은 매수한 것이 있다면 매도하고, 매도한 것이 있다면 매수해서 자신의 위치를 0으로 만든다는 뜻이다.

또, 2020년에 코로나19 때문에 국제 유가가 마이너스로 하락한 적이 있다. 이때 중동에서는 원유를 저장할 곳이 없어서 웃돈을 주고 판다는 이야기를 하고 다니는 사람도 있었다. 농담이었기를 바라지만 눈빛이 진심 같았다는 점이 절망적이다. 이들 소식은 이제 궁금하지도 않을 정도다. 어쨌든 선물은 단순히 가격이나 지수 등 숫자의 오르내림을 보고 베팅하지, 실제 물건을 거래하는 것과는 관계가 없다. 주식은 어떨까? 주식은 주권을 사고파는 것이기 때문에 전자상거래지만 실물이 있는 것과도 같다.

둘째, 선물을 주식과 구분하기 가장 쉬운 차이점은 바로 위아래 베팅이 가능하다는 점이다. 평범한 주식에 투자하듯 '오른다'에 베팅할 수도 있고, 반대로 '내린다'에 베팅할 수도 있다. 공매도와 비교하는 경우도 있지만 비슷해 보일지라도 개념은 좀 다르다.

주식은 1주를 사면 그 주식이 주머니에 들어오며 개인 소유가 된다. 공매도를 하더라도 빌린 주식 1주를 팔면 그 주식이 자신의 주머니를 떠나 남의 것이 된다. 하지만 선물은 앞서 베팅이라고 표현한 대로 사고파는 개념이 아니라, 가령 지수 선물이라면 지수가 오르내리는 전광판을 보면서 베팅하는 것과 같다. 따라서 선물투자를 할 때는 매수(Buy) 대신 롱(Long), 매도(Sell) 대신 숏(Short)이라는 단어를 쓴다. 롱을 잡으면 지수가 올랐을 때 수익이 나고, 숏을 잡으면 지수가 내려갈 때 수익이 나는 셈이다.

셋째, 선물에는 증거금이라는 제도가 있다. 위아래 베팅보다는 이 증거금 제도 때문에 선물투자를 하게 되는 투자자들이 많다. 주식과 비교해보자면, 우리가 주식을 1주 사고 싶을 때는 그 1주만큼 가격을 지불한다. 그러나 이와 달리 선물투자에서는 주 대신 계약이라는 단위를 사용하는데, 선물 한 계약을 거래할 때 적어도 돈이 이만큼은 있어야한다는 자격을 정해놓고 있다. 따라서 그 증거금만큼 예치하고 거래하는 것이다. 말이 좀 복잡하게 느껴질 텐데, 주식과 비슷하지만 분명히 다른 부분이 있다.

삼성전자 주식을 1,000만 원어치 사고 싶다면 얼마가 필요할까? 그대로 1,000만 원이 필요하다. 하지만 선물은 다르다. 상품마다 증거금이 정해져 있거나 증거금률이 정해져 있는데, 증거금률이 10%일 때 해당 상품을 1,000만 원만큼 거래하고 싶다면 증거금 100만 원이 필요하다. 이를 위탁증거금이라고 한다.

> ① 주식 : 1,000만 원 → 10% 상승 → 1,100만 원 (원금 1,000만 원 + 수익 100만 원)
> → 실제 수익률 10%
>
> ② 선물 : 1,000만 원 → 10% 상승 → 1,100만 원 (원금(증거금) 100만 원 + 수익 100만 원) → 실제 수익률은 주식 수익률의 10배인 100%

이렇게 말하면 이런 기막힌 상품을 자신만 모르고 있었다고 억울할 수 있지만, 반대로 생각하면 손해를 보는 경우도 마찬가지다. 증거금률이 10%인 상품에서 롱 포지션을 취하고 10% 손실이 나면 실제로는 100% 손실이 나는 꼴이다.

다시 말해 증거금이 본 상품 가격 대비 10분의 1이라면 10배의 레버리지를 일으켰다고 표현하고, 20분의 1이라면 20배의 레버리지라고 말한다. 만약 증거금률이 20분의 1, 즉 5%밖에 되지 않는 상품은 수익이든 손실이든 20배가 되는 것이다.

따라서 선물을 레버리지 투자라고 하는데, 지렛대 원리를 이용해서 적은 자금으로 많은 수익 효과를 본다는 뜻이다. 굉장히 큰 기회를 잡을 수 있지만, 반대로 큰 위험을 갖고 있기도 하다.

📈 레버리지(지렛대) 투자 원리

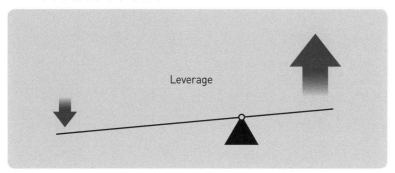

본론으로 돌아와서 처음 선물 거래를 시작할 때 필요한 자금을 '위탁증거금'이라고 한다. '유지증거금'이라는 것도 있는데, 자신의 포지션을 그대로 유지하기 위해 필요한 마지노선을 뜻한다.

앞서 든 예시와 같게 한다면, 주식을 1,000만 원어치 매수한 상태에서 그 주식이 900만 원이 되든 800만 원이 되든, 심지어 100만 원이 되더라도 우리는 팔지 않고 버틸 수 있다. 언젠가는 오르겠지 생각하면서 잊고 살면 되지만 선물은 다르다.

위탁증거금이 1,000만 원인 상품의 유지증거금이 800만 원이라고 하면, 그 선물 가격이 900만 원이 되든 801만 원이 되든 아무 일도 생기지 않는다. 하지만 799만 원이 되는 순간, 거래하고 있는 증권사에서 유지증거금보다 증거금이 부족하다며 추가 납입을 요구한다. 그러면 다시 증거금을 채워야 하는데, 유지증거금 수준으로 1만 원만 채우는 것이 아니라 맨 처음 위탁증거금까지 채워야 하므로 결국 201만 원을 추가로 납입해야 한다. 그렇지 않으면 증권사가 임의로 반대 매매를 해서 투자자의 포지션을 없애버린다. 다시 강조하면, 레버리지를 일으키는 투자는 큰 기회가 될 수 있지만 반대로 큰 위험이 따를 수도 있다는 사실을 이 예시를 통해 알 수 있다. 그만큼 작은 변동성도 크게 작용하기 때문에 거래에 큰 책임이 뒤따른다는 점을 반드시 기억해야 한다.

✅ 당신의 미래를 망치려는 호의

선물투자에 이어 또 하나 투자자들에게 당부하고 싶은 것이 있다. 증권 시장에 있다보면 '대여계좌'를 사용해보라는 유혹을 받게 되는데, 절대 사용하지 않기로 약속해주기를 바란다. 대여계좌는 한 마디로 불법 스크린 경마장과 비슷하다. 우리가 매일 보는 차트와 호가 창을 복사해서 새로운 창에 띄워주고 가상거래를 하게 하는 시스템이다.

보통 적은 증거금으로 투자할 수 있게 해주겠다고 유혹하는데, 수익이 나면 대여계좌 업자가 그 수익금만큼 투자자 본인에게 지급하고 손실이 나면 그 업자가 투자자의 손실금을 전부 가져간다. 거래소를 통하지 않을 뿐이지 비슷하지 않나 생각할 수도 있다. 하지만 증거금이 적다는 것은 레버리지 비율이 커진다는 뜻이고, 그만큼 한 번에 모든 것을 잃을 가능성도 커진다. 혹시나 큰 수익이 날 수도 있지만, 그렇게 되면 업자들은 수익금을 주지 않고 연락을 차단해버린다.

혹시 누군가가 당신에게 대여계좌를 권유한다면 그 사람은 업자로부터 당신이 보는 손해에 대한 커미션을 받고 있을 가능성이 높다. 당신이 거래를 통해 가진 돈 전부를 탕진하기를 바라는 사람이므로 필히 멀리하기를 바란다. 대여계좌를 통한 금융 거래는 인터넷 도박과 같은 불법이고, 적발 시 처벌 받을 수도 있기 때문에 절대 사용하지 말 것을 다시 한번 강조한다.

공매도 세력의 오해와 진실

✓ 우풍상호신용금고 사건

"대규모 공매도 공격에 주가 휘청"

이런 기사나 소식을 접하면 대개 '이놈들이 또 우리를 공격해서 못 살게 구는구나.' 하는 생각에 사로잡히곤 한다. 그런데 한 가지 의문이 든다. 어차피 돈을 벌고자 하는 목적은 우리나 그들이나 같을 텐데, 왜 충분히 좋아 보이는 기업의 주가를 굳이 어렵게 공매도까지 해가면서 떨어뜨리고 수익을 내려고 할까? 이 질문에서 출발한다면 공매도에 대한 오해를 풀 수 있다.

'오해'라는 표현에 그럼 공매도가 좋은 것이냐고 따지거나, 필자인 내가 그들 편이라고 생각해서 책을 덮고 싶은 사람들도 있을 것이다. 하지만 공매도가 악질적인 경우는 시세 조종이라는 범죄에 공매도가 수단으로 사용될 때에 한한다고 볼 수 있다.

먼저 공매도가 범죄에 악용된 예를 하나 살펴보자. 2000년도에 '우풍상호신용금고 사건'으로 불렸던 일이 있다. 정확히는 2000년 3월에 우풍상호신용금고(이하 '우풍금고')에서 성도이엔지 15만 주를 공매도했는데 당시 주가가 4만 원대였다.

우풍금고는 성도이엔지를 공매도해서 주가를 무너뜨린 다음 한참 떨어진 가격으로 매수하면 주가가 회복하면서 수익이 많이 날 것이라고 기대했으리라. 그야말로 신나게 시세 조종을 해보려는 수작이었다.

특히 성도이엔지는 전체 발행 주식 수가 97만 주였는데, 그중 대주주가 70만 주를 보유하고 있었기 때문에 시중에 유통되는 물량은 30만 주가 채 되지 않았다. 그런데 우풍금고가 유통 주식 절반을 공매도한 셈이다. 많지 않은 돈으로 주가를 휘두를 수 있다고 생각한 듯하다.

그런데 이 15만 주를 누군가 받았다. 쏟아지는 매도 물량을 매수로 대응한 것이다. 그리고 주가가 상승하기 시작했다. 누구였는지 정체는 모르지만 우풍금고와는 반대로 매수를 통해 시세 조종을 하려고 한 것인지 정확히 알려진 바는 없다.

당연히 우풍금고는 손실을 보기 시작했다. 하지만 공매도는 기간이 있다. 무차입 공매도를 사용하기는 했지만 어쨌든 주식을 빌려서 매도하는 시스템이기 때문에 언젠가 갚아야 할 기일이 정해져 있다. 당시 그 기일이 3월 말이었다. 물론 우풍금고에서 손해를 감수하고 시장에서 15만 주가량을 매수해서 빌린 주식을 돌려주면 되겠지만, 매일 상한가를 기록했으므로 매수할 수가 없었다.

결국 전체 공매도 물량 15만 4천 주 중 13만 주 정도를 갚지 못한 우풍금고는 결제불이행을 하고 말았다. 이는 채무불이행과도 같기 때문에 처벌 받을 수 있는 사안이다.

2000년 3월 31일, 우풍금고의 결제불이행은 기사를 통해 세상에 알려지게 되었다.

한국경제

"주식 공매도 후 결제불이행… 우풍금고,
성도이엔지 13만 주 지급 못해"

2000.04.04. 오후 5:45

기관투자가가 사이버 주식 거래를 통해 주식을 공매도한 후 되사지 못해 결제를 이행하지 못하는 사상 초유의 사건이 발생했다.……

출처 : 한국경제신문

당연히 기사에는 누가 그랬는지 적시돼 있었고, 사회 문제도 문제지만 성도이엔지 주식을 갖고 있던 개인투자자들 입장에서는 "내 주식 떨어뜨려서 수익을 내겠다고 15만 주가 넘는 공매도를 쳐?"라며 분노하는 계기가 됐다.

그들은 들고일어났고, 합심해서 대대적으로 공매도 세력을 망하게 하자며 상한가를 만들었다. 자그마치 15방의 점상에 준하는 상한가를 만들면서, 우풍금고는 영업정지 처분을 맞았다. 결국 대주주를 찾아가서 주식을 빌려달라고 빌어서 해결했다는데, 만약 해결하지 못했다면 이때 중개를 맡았던 대우증권까지 한꺼번에 날아갔을 것이다.

✅ 효율적인 시장은 공매도가 가능하다

이런 식으로 범죄에 악용된 사례가 있기는 하지만, 공매도가 정상적으로 사용되는 경우도 따져볼 필요가 있다. 먼저, 우리가 주식투자를 할 때 오를 것 같은 타이밍에 싸게 사서 비싸게 파는 것이 목적이라면 공매도는 그 반대라고 생각하는 것이 편하다. 비싸게 팔아서 싸게 산다. 순서를 뒤집기만 하면 된다. 갖고 있지는 않지만 주식을 빌려서 파는 방법이 공매도다. 그렇기 때문에 이때 '공'은 비어 있다는 뜻의 공(空) 자를 쓰는 것이다.

예를 들어 나는 주식을 갖고 있지 않지만 A에게 주식을 1주 빌린다.

이 주식의 가격이 10,000원일 때 시장에 내다 판다. 그러면 나는 주식 1주를 빌린 상태에서 10,000원이라는 돈이 손에 들어오게 된다. 이제 주가가 9,000원이 되면 다시 시장에서 1주를 사들여서 A에게 갚는다. 나는 주식을 다 갚은 셈이지만 10,000원에서 9,000원만 썼으므로 1,000원 수익이 생기는 것이다. 물론 이자도 지급해야 하지만 단순 예시에서는 제외하고 생각하겠다.

참 쉬워 보이지만 당연히 반대 경우도 있다. 빌린 주식을 10,000원에 판 상태인데 이후 주가가 11,000원이 되면 이자도 잃고 1,000원도 더 잃게 되고 만다. 이런 상황에 공매도 포지션을 청산하기 위해 주식을 재매입하는 과정을 '숏커버'라고 한다.

공매도는 언제 많이 발생할까? 이 역시 우리가 주식을 살 때와 반대라고 생각하면 된다. 우리는 '너무 싸지 않나?' 싶을 때 주식을 사지만, 공매도는 '너무 비싸지 않나?' 싶을 때 일어난다.

공매도도 장점이 있다. 종종 지나치게 상승한 주식에 매도를 늘려 정상 수준으로 주가를 맞추는 역할을 한다. 물론 시장에서는 이렇게 급등하는 것이 왜 나쁘냐고 공매도를 악마로 몰아가는 경우가 있지만, 그렇다면 공매도가 전혀 없는 세상을 가정해보자.

공매도가 없는 세상에서 주식투자란, 주식이 없는 사람의 매수와 이미 보유한 사람의 매도로만 구성된다. 그렇다면 '특정 주식이 너무 비싸다고 생각하지만 그 주식을 갖고 있지 않은 사람들'의 의견은 시장에 반영되지 않는다. 부정적인 의견이 무시되면 버블이 형성되기 쉬워진다. 물론 계속 상승하는 시장이 꼭 나쁘다고 할 수는 없지만, 지나친 버블은 결국 터지기 마련이다. 과도하게 몰린 자금이 한 번에 터진다면 그때 금융 위기가 발생할 수도 있다.

따라서 경제학에서 '효율적인 시장'이라는 가설을 세울 때, 반드시 공매도가 가능한 시장이라는 전제가 깔린다. 2008년 미국 서브프라임 모기지 사태로 불거진 금융 위기도 마찬가지였다. 당시 리먼 브라더스와 베어스턴스를 비롯한 은행들이 엄청나게 부실한 상품들을 건전한 상품으로 포장해서 판매하고 있었고, 이를 발견한 헷지펀드 투자자들이 공매도하면서 세상에 알려지게 됐다. 즉, 공매도는 분명 극단적으로 이뤄지는 불법적인 과열 상황에서 그 불법성을 잡아내는 역할도 한다.

장점이 분명히 있지만 공매도의 부작용이 부각되다보니 개인투자자들 중에는 왜 개인의 공매도를 제한하는지 불만이 나오기도 한다. 공매도는 수익이 제한돼 있지만 손실이 무제한인 데다 빌린 것에 대한 이자까지 내야 하는 위험한 방법이기 때문에 나도 개인투자자들의 공매도 허가에 걱정이 되기도 하지만 적어도 평등한 기회를 제공한다는 측면에서 제한적인 허용은 있어야 하는 것이 아닌가 하는 생각이 든다.

예를 들어 10,000원인 주식을 공매도해서 하락 시 수익이 난다고 해도, 어디를 가든 주가가 0원이 되지는 않는다. 즉, 100%의 수익을 낼 수는 없다는 뜻이다. 아무리 많이 벌어도 10,000원 이상을 벌 수 없다. 반면, 손해는 무한하다. 만약 10,000원인 주식을 공매도했는데 이 주식이 50,000원으로 올랐다면 손실은 40,000원이다. 주식이 100,000원으로 오르면 손실은 90,000원이다. 극단적인 예시지만 어쨌든 손실이 얼마든지 더 커질 수 있다는 점을 알 수 있다. 따라서 공매도는 사실 주가가 하락할 때 수익을 내기 위한 순수 공매도보다는 차익거래에 더 많이 활용된다.

그렇다면 공매도는 코로나19 이후 왜 금지하고 있을까? 공매도를 일시적으로 금지하는 이유는 공매도하는 주체가 악질적이기 때문도 아니고, 세상이 위기에 처했을 때 공매도가 날뛰면서 시장을 더 크게 하락시키기 때문도 아니다.

이번 코로나19 사태를 겪으면서 시장은 급락을 경험했고, 다시 반등하는 과정에서 변동성이 심해지면 선물과 현물 간 차이가 벌어지는 경우가 다수 생기게 된다. 이때 차익거래 기회가 많아지고, 반등해서 올라야 할 주식이 타이밍을 놓치고 오르지 못하는 경우가 생기기 때문에 공매도를 금지한 것이다.

책을 쓰는 시점에서는 2021년 3월 15일까지 공매도가 없는 것으로 규정돼 있었지만 최근 일부 연장됐다는 소식이 나왔다. 그 이후에 개인

투자자에게 허용된다는 말은 없어서 사회적인 마찰이 생기지는 않을까 걱정이다. 공매도가 또 어떤 범죄에 악용될 수도 있고, 반대로 시장에 건강한 의견을 반영하기 위해 존재할 수도 있겠지만 내가 이야기하고 싶은 것은 이것이다. 투자를 하는 우리도 공매도하는 기관과 외국인이 악하다는 고정 관념을 갖지 않았으면 하고, 정책을 결정하는 곳에서도 분명 투자하기에 위험성이 크게 존재하지만 결국 투자를 하는 개인 당사자의 선택이라는 점을 알아야 한다. 기회 평등 관점에서 개인들에게 일정 부분 허용하는 것이 바람직하지 않나 하는 생각이다.

"

이런 사태는 일회성이 아니다.
우리는 또 언젠가 전염병이든 전쟁이든
위기 상황을 맞이하게 될 것이다.
그때가 되면 이 이야기를
반드시 떠올리기를 바란다.

"

세상 물정이
우리 살림에 끼치는 영향

2장

01 팬데믹에 대응하는 투자 전략

✅ 코로나19가 흔들어놓은 주식 시장

지난 2020년은 세계 금융 시장에 굵직한 이정표가 된 한 해였다. 코로나19 바이러스가 온 세상을 멈췄고, 이런 상황을 걱정한 주식 시장도 폭락을 경험했다. 이후 시장은 다행히도 이 전염병을 타파하려는 전 세계인의 노력과, 세계 각국 정부와 중앙은행이 추진한 완화 정책으로 급반등에 성공할 수 있었다.

이번 챕터에서는 언제든지 다시 찾아올 수 있는 질병들이 또 시장을 흔들게 된다면, 우리가 대입해서 활용할 수 있는 시장 전략을 함께 고민해보고자 한다.

주식에 꾸준히 투자하면서 시장을 지켜봤다면 아래 차트를 보고 어떤 시기였는지 대략 짐작할 수 있을 것이다. 기억을 더듬어보자.

 **2020년 코스피지수 추이**

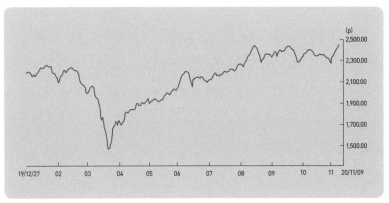

출처 : 유안타증권 HTS

차트에 기록된 시기는 코로나19 발생으로 시장이 한 차례 무너졌다가 급반등하면서 2020년 3월 중순부터 8월 중순까지 거의 5개월 간 상승세였던 증시가 이후 약 두 달 정도 지겨운 박스권에 묶여 있던 때다.

당시 많은 방송 매체 등에서 코스피 2,200포인트를 넘기 어려울 것이라고 전망했고, 주식 관련 유튜버들은 더블딥을 외쳤으며, 개인투자자들은 인버스, 곱버스(레버리지 인버스) 등에 투자했다. 하지만 6월에 2,200포인트를 찍은 증시가 잠깐 조정되나 싶더니 다시 상승하기 시작했다. 인버스나 곱버스에 투자한 사람들은 비명을 질렀지만, 그 손실을 뒤로 하고 언제 그랬냐는 듯 두 손 모아 코스피 3,000포인트를 바라보았다. 8월 중순에 도달한 고점에서 개인투자자들은 주식을 또 매수하기 시작했다. 그리고 그때부터 박스권에 갇혀 힘들어하던 시기가 바로 차트 속 상황이다.

사실 3월부터 8월 상승 때까지 코로나19가 해결된 적은 없었다. 뉴스에서는 미국과 유럽 확진자에 대해 계속 보도됐지만, 시장은 상승에 한이 맺힌 듯 귀를 닫고 입을 막고 올랐다. 하지만 딱 8월부터 시작된 조정 시기에 이런 소식들이 마치 처음인 것처럼 다시 세상을 불안하게 만들었다.

유럽에서 다시 코로나19가 퍼지고 있다는 소식은 유로화를 약하게 만들었고, 유로화가 약해지면서 반대편에 있는 달러는 강해졌다.

달러가 다시 강해지면 안전자산으로 자금이 돌아갈 가능성이 높다는 뜻이므로 주식 시장이 하락하는 것 아니냐는 불안감이 경제 관련 방송에 매일 같이 나왔다. 미국 경기 부양책이 해결 방안으로 제시되기도 했지만, 지난해 5월 이후 지금까지도 발표되지 않고 슬슬 협상돼간다는 소식만 들리는 상황이다. 1.9조 달러 수준으로 나온다고는 하는데 잡음이 많다. 거의 매주 예측이 바뀌고 있다.

이 당시에는 분명 경기 부양책이 나오기는 어려웠다. 2020년 11월 3일 미국 대선이 20일도 남지 않은 상황에서 공화당과 민주당 입장 차이가 명확하기도 했고, 당장 민주당이 부양책에 합의하면서 트럼프 전 대통령이 선거에 이용하게 만들 수도 없는 노릇이었다.

그렇다면 부양책도 나중에나 나올 텐데 시장 상황이 대선 끝나기를 기다리며 3주 가까이 하락을 견뎌야 했을까? 3주면 개인투자자들에게는 참으로 긴 시간인데 말이다.

미국 GDP 대비 정부 지출

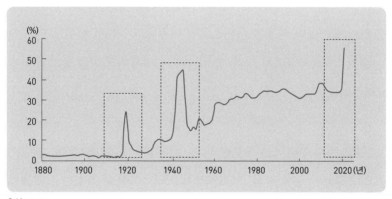

출처 : IMF

사실 당시 미국은 이미 극단적으로 많은 자금을 풀어놓은 상태였다. 그래프에서도 볼 수 있듯이 GDP 대비 정부 지출은 1900년대부터 조금씩 늘어왔지만, 박스 친 모양처럼 그래프 흐름에서 크게 돌출될 정도로 극단적인 정부 지출 확대는 이번 코로나19 사태를 맞닥뜨린 때를 제외하고는 과거에 딱 두 번밖에 없었다.

✅ 가까이 있는 불황도 멀리 보면 달라진다

1910년대와 1940년대는 별다른 전염병이 있던 시기는 아니고 각각 제1차, 제2차 세계대전이 있었다. 이번에 미국 정부가 돈을 얼마나 많이 풀었는지는 2008년 금융 위기가 단적으로 말해준다. 당시 위기를 겪고 양적 완화를 시작한 미국이 10년 동안 "이런 식으로 돈을 풀면 안 된다"는 말을 들어가며 공급한 유동성을, 이번 코로나19가 퍼지고 나서는 3개월 만에 풀었다고 한다.

덕분에 주식 시장도 좋아졌고 무너질 뻔한 경기도 어느 정도 안정을 찾아가고 있다. 하지만 한편으로는 이렇게까지 돈을 풀어도 되나 하는 생각이 든다. 그래서 과거 제1차, 제2차 세계대전 상황을 지금과 비교해본다.

일단 현재 우려하는 부분을 다시 정리하자면, 2020년 10월 16일 기준으로 그동안 잘 하락하던 달러 가치가 위험자산 선호 현상을 만들어왔지만, 갑자기 증시가 고점을 찍은 듯 조정을 받고 있었다. 이때 달러가 상승하면서 다시금 안전자산을 선호하는 분위기로 시장이 흘러가는 것이 아닌가 하는 불안감이 떠도는 상태였다. 한 마디로, 우리는 달러가 강세로 전환될까 두려워하고 있었다.

세계대전 당시는 어땠을까? 제2차 세계대전 때는 고정 환율 제도를 썼기 때문에 지금과 비교가 무의미하므로 1910년대의 제1차 세계대전을 생각해보자. 지금이야 달러가 1순위 통화지만 그때는 영국 파운드가 최고였다.

제1차 대전이 1918년에 끝나면서 파운드화 가치는 급격하게 떨어졌다. 그리고 주변 통화인 달러 가치가 크게 올라갔다. 이번 상황에 대입하면 현재 달러 가치가 하락하고 유로화나 위안화 가치는 상승하는 중인 것과 같다. 즉, 그때도 그랬고 지금도 그렇듯 이런 상황이 비정상적인 것이 아니다. 그렇다면 주식 시장은 어땠을까?

 **1914~1920년 다우존스지수 추이**

출처 : 블룸버그(Bloomberg)

전쟁 중에 저점을 찍은 증시는 1918년 11월 독일이 항복하기까지 완만한 반등을 이어오다 전쟁이 끝나고도 1년 가까이 급격한 상승을 경험했다. 전쟁 중에 공급되기 시작한 유동성은 경기를 살리는 역할도 했지만 시장 전체 크기를 키워버렸다. 적어도 전쟁이 이어지는 동안에 저점을 찍고 반등한 증시가 전쟁이 끝날 때까지는 다시 그 저점으로 돌아오지 않았다.

따라서 지난해 2020년 8월부터 10월까지 조정을 두 달여간 겪었지만, 과거에 빗댄다면 일희일비하기보다 시장의 큰 흐름은 꺾이지 않으리라는 믿음을 가져도 될 만한 상황이었다. 정말로 무슨 일이 생기고 변수 때문에 시장이 흔들린다면 그만큼 환율의 움직임도 함께 나타날 것이기 때문에 미리 겁먹을 필요는 없다. 1910년과 마찬가지로 미국은 코로나19 때문에 재정 적자가 눈덩이처럼 불어날 예정이다. 앞으로 달러의 약세가 더 이어질 가능성이 높으므로 큰 그림을 보고 인내심을 발휘해야 하는 시기다.

📈 2020년 하반기 달러인덱스 추이

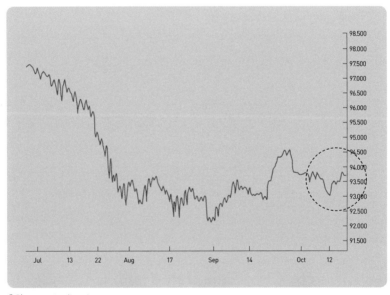

출처 : www.tradingview.com

앞의 그래프에 동그라미 친 시점 때문에 다시 반등할까 두려움을 느끼는 사람들도 있었다.

📈 2020년 1년치 달러인덱스 추이

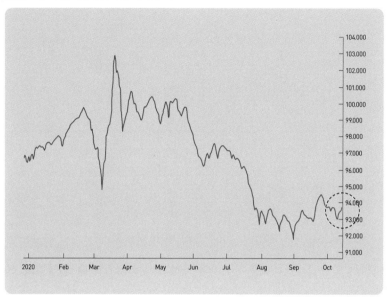

출처 : www.tradingview.com

하지만 사실 조금만 멀리서 바라보면 그냥 약세가 진행 중인 달러일 뿐이었다. 결국 2020년 12월 기준으로 확실히 아무것도 아니었다는 사실을 확인할 수 있다.

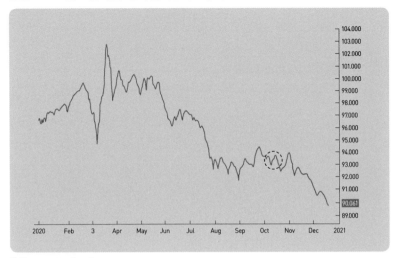

📊 2020년 12월 기준 1년치 달러인덱스 추이

출처 : www.tradingview.com

　　마찬가지로 한동안 박스권에 갇혀 있어 또다시 더블딥이 발생하면 어쩌나 하는 불안감 때문에 개인투자자들이 버티기 너무 힘들다고 하던 증시는 언제 그랬냐는 듯 2020년 11월 외국인의 화려한 귀환과 더불어 역사적인 신고가를 넘었다.

　　이런 사태는 일회성이 아니다. 우리는 또 언젠가 전염병이든 전쟁이든 위기 상황을 맞이하게 될 것이다. 그렇게 된다면 이 이야기를 반드시 떠올려서 시장을 조금만 멀리 내다볼 수 있는 지혜를 발휘하기를 바란다.

02 선거와 주가 움직임, 상관관계를 알아보자

✓ 대선을 바라보는 2개의 시선

2020년 말 미국에서는 대선이 있었다. 결과를 기다리면서 응원하는 사람들도 있었고, 빨리 끝나기나 했으면 하던 사람들도 있었다. 그해 3월 중순에 바닥을 찍은 증시가 거의 5개월간 상승하며 개인투자자들의 주머니를 불려준 반면, 8월부터 대선이 있던 11월 초까지는 변동성을 보이면서 상승과 하락을 반복했기 때문이다.

이번 시기는 특히 지겨웠을 것이다. 새롭게 시장에 진입한 투자자들이야 원래 주식은 자고 일어나면 오르고 오늘 떨어져도 내일 오른다고 생각해서 무슨 걱정이냐 했겠지만, 기존 투자자들 입장은 달랐다. 두 달 반 넘게 오를 만하면 고꾸라지고, 또다시 오를 만하면 고꾸라져버리는 장세가 반복됐다. 이때 주가 하락의 가장 많은 핑계로 사용된 것이 바로 대선 불확실성이다. 트럼프가 지지율을 따라잡으면 잡는 대로 불확실성이 짙어졌다고 하고, 바이든이 앞서 나가면 또 그런 대로 바이든이 기업에 친화적이지 않다는 점을 부각해서 시장 조정의 핑계로 사용했다.

2024년에 다시 미국 대선이 있다. 이때 불확실성을 조금이나마 잠재울 기회가 되었으면 하는 마음으로 이야기하고자 한다. 아주 단순하게 생각하면 된다. 오랜 세월 4년마다 돌아오는 미국 대선이 있는 해의 주가는 어떻게 움직였을까? 미국 대선에 대해 기본적인 상식 정도만 알고 보자. 미국 대선일은 11월 첫 번째 월요일이 지난 뒤의 화요일이다. 미국은 형식적으로는 간접 선거 방식을 취하는데, 대통령 선거인단을 먼저 뽑고 그들의 선거로 차기 대통령을 선출하게 된다. 총 선거인단은 538명으로, 이 중 과반수인 270명의 표를 얻으면 당선이 확정된다. 미국 50개 주에서 메인(Maine)주와 네브래스카(Nebraska)주를 뺀 나머지 48개 주는 승자 독식 방식으로 선거인단을 선출한다. 즉, 각 주에서 한 표라도 승리한다면 해당 주의 모든 선거인단을 가져오는 방식이다. 사실 선거 방송을 보면 누가 유리한지 대략적으로 알려주기 때문에 자세히 알 필요는 없다.

최근 3차례 미국 대선이 있던 해의 다우지수에서는 대선일인 11월 초에서 약 두 달 전인 9월부터의 주가가 크게 오르지 못하고 대부분 부진했다. 그리고 11월 정도를 기점으로 상승하기 시작했다.

같은 시기 코스피지수도 마찬가지다. 11월을 기점으로 이전 두 달과 이후 두 달의 주가 변화가 미국 증시와 상당히 닮아 있었다. 아래 그래프는 위의 두 내용을 종합한 것이다.

📈 **미국 대선 전후 60일간 한·미 주가 추이**

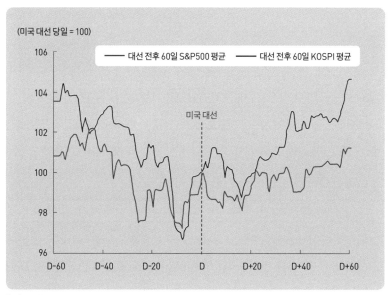

출처 : Refinitiv

대부분 미국 대선이 있기 60일 전에는 주가 변동성이 크며 하락하는 경향이 강하고, 이후 60일은 주가가 상승하는 경향이 있다. 물론 대선 결과에 따라 변동성은 있기 마련이다. 하지만 이번 대선 전에 있었던 가장 잘못된 전망 중 하나는, 민주당이 더 많은 자금을 풀려고 하고 공화당은 그렇지 않기 때문에 바이든이 대통령이 된다면 주가 상승이 더 크게 나타날 수 있다는 것이었다.

하지만 역사적으로 미국 정부의 재정 확대 정책이나 연준의 통화확장 정책은 정부를 가리지 않고 국가가 위기 사태를 맞이했을 때 증가했다. 정치색의 문제가 아닌 것이다. 단지 그 자금을 사용하는 방법이 기업 친화적이냐, 직접적인 지원금 형태냐의 차이가 좀 있을 뿐이지 시장에 주는 영향과는 무관했다.

그 방향성이 그대로라는 가정을 하지 않는다면 대선 날짜가 다가오기를 기다리는 투자자는 꽤 힘든 시간을 보낼 수 있다. 하지만 방금 언급한 대로 정책 방향성이 그대로라고 생각하면 우리는 펀더멘털에만 집중할 수 있다. 이번 대선은 코로나19라는 특이한 이벤트가 있었더라도 펀더멘털에 집중하면 충분한 시장이었다.

코로나19 때문에 전 세계 각국의 2020년 GDP가 크게 감소했다. 코로나19 이전인 2019년과 코로나19로 경제 타격을 받은 이후인 2021년을 비교했을 때, 2021년 GDP가 2019년 GDP를 앞서는 나라는 전 세계에서 중국과 한국 정도밖에 없었다. 적어도 대선을 앞둔 당시 전망은 그랐다.

게다가 2020년 6월 이후 원화는 달러 대비 지속적인 강세를 보이고 있었다. 따라서 우리나라 증시 매력도가 낮은 시기가 아니라는 점을 감안하면 8월 중순부터 10월 말까지 지켜웠던 시장에 소위 '조정 시 매수'라는 의견을 낼 수 있었다. 정리하자면 미국 대선은 그 이전 2개월보다 이후 2개월 주가가 좋은 경우가 대부분이고, 펀더멘털의 큰 방향성을 꺾지 못하는 정치적 이벤트로 생각하면 된다.

✅ 우리나라 정치 테마주를 조심하자

마무리로 우리나라 대선에 대해서도 간단히 언급하고자 한다. 우리나라 대선이 시장에 주는 영향은 어떨까? 사실 뭐라 단정 짓기 어렵다. 한 명의 국민으로서 누구보다 대한민국을 사랑하지만 아직은 성숙하지 못한 시장의 한계라는 생각이 든다. 대통령 후보로 나온 누군가가 어느 지역 출신으로 어디 고등학교를 나왔고 그 사돈의 팔촌이 하는 기업들의 주가가 상한가를 기록하기도 한다. 그리고 언제 그랬냐는 듯이 연일 하한가를 맞으며 제자리로 복귀하는 것을 쉽게 볼 수 있는데, 아직까지는 단순히 투기적인 한 철 테마 시장의 재료라는 생각이 든다. 그 유혹을 뿌리치기가 참 어렵겠지만 아주 재미로 하는 투자가 아니라면 정치적인 테마에는 발을 들이지 않는 것이 계좌를 지키는 길이다.

미국과 중국이 싸울 때 돈이 되는 종목

☑ 통화 국제화를 위한 중국의 도전

미국이 중국과의 무역을 제재한 지도 꽤 시간이 지났다. 그중에는 이미 우리나라 기업들에 이득을 가져온 부분도 있고, 앞으로 가져올 것도 있다. 쉽게 끝날 문제는 아니기 때문에 그 배경을 알아보고 우리가 배울 것과 앞으로 있을 제재 상황에서 취할 수 있는 태도도 생각해보자.

미국이 중국을 제재한 가장 큰 이유는 중국이 자국에 위협이 된다고 판단했기 때문이다. 생각보다 중국은 빠르게 발전했다. 1993년 전 세계 10위권 국가로 진입하더니 2010년에는 일본을 제치고 경제 규모에서 전 세계 2위로 올라섰다. 미국은 과거 일본의 도전에도 그랬듯이 몇 가지 명분을 내세워 중국을 압박하고 결국 그 도전을 물리치려고 할 것이다. 중국의 도전이 일본보다 더 위협적으로 보일 수 있다. 인구가 워낙 많아 드라마틱한 성장이 없더라도 경제 규모가 커지는 속도는 더 빠를 수 있기 때문이다.

'정당하게 경쟁해야지!'라는 의견도 있을 수 있겠지만, 보는 관점에 따라 오히려 중국이 부당하게 경쟁하는 면도 상당하다. 미국은 바로 이런 부분을 명분으로 중국을 제재하고 있는 것이다.

이렇게 빠르게 성장하며 미국을 위협하고 있는 중국의 최대 무역 흑자국도 마찬가지로 미국이다. 중국이 가져가는 흑자 중에 미국에서 나오는 흑자 비중이 절반을 훌쩍 넘어 트럼프 전 대통령이 집권한 초반에는 60%를 상회했었다. 대중국 무역 적자를 줄이고자 하는 미국 입장에서 중국 흑자가 지속되고 있는 상황은 의문을 가지기에 충분했다.

왜냐하면 무역 흑자를 상대적으로 많이 내고 있다면 결국 해당 국가 통화인 위안화의 가치를 올리는 결과를 발생시킬 것이고, 이는 곧 중국 물품의 판매 가격 상승을 촉발해 수출량을 감소시켜야 한다. 하지만 생각과 달리 위안화 가치는 오르지 않았기 때문이다.

무슨 말인가 하면, 우리나라로 예를 들어보겠다.

> 1,000원이 1달러일 때 내가 10,000원짜리 물건을 미국에 팔면
> 10달러에 팔게 된다.
>
> 2,000원이 1달러일 때 내가 10,000원짜리 물건을 미국에 팔면
> 5달러에 팔게 된다.

즉, 원화 가치가 낮아 1달러가 2,000원일 때는 똑같은 가격의 물건을 팔더라도 달러로 환산하면 싼 가격에 내놓을 수 있으므로 그만큼 가격 경쟁력에서 우위를 차지할 수 있다. 따라서 수출하는 입장에서 자국 통화 가치의 상승은 도움이 되지 않는다.

이런 이유로 중국이 위안화 가치를 의도적으로 낮게 만들기 위해 조작하고 있다는 말이다. 중국은 공산당 통제하에 고시 환율을 사용한다. 우리나라도 IMF 외환 위기 이전에는 한국은행에서 '1달러는 얼마다'라고 고시하고 환율로 정했는데, 지금은 대부분 나라들처럼 시장 수요와 공급에 따르는 변동 환율제를 채택하고 있다. 하지만 중국은 여전히 인민은행에서 매일 달러 대비 위안화 환율을 고시하기 때문에 일정 수준 이상으로 위안화가 강해지지도 약해지지도 않게 통제된다. 이를 트럼프가 걸고넘어지면서 중국에 대한 관세 부과를 시작했고, 중국이 맞받아치면서 무역 분쟁이 발생했다.

관세 전쟁 이후 미국이 꺼낸 카드는 중국 개별 기업에 대한 제재였다. 그리고 그 첫 번째 희생자가 바로 화웨이다. 미국이 우방국들에 화웨이와의 거래 중단을 요구하면서 사실상 현재로서는 회생이 어려울 것으로 보인다. 극적인 무역적 합의가 있으면 모르겠지만 스마트폰을 만들고 5G 네트워크를 주업으로 하는 화웨이 입장에서 반도체를 끊어 버리는 행위는 장사 그만하라는 의미와 다를 바 없기 때문이다.

앞으로 논의할 내용 중 5G 관련 부분에서 언급하겠지만, 화웨이 제재 덕분에 우리나라 기업들은 꽤나 큰 반사이익을 볼 수 있게 됐다. 화웨이는 본격적으로 제재를 받기 전날까지 반도체를 엄청나게 사들였다. 반도체 회사들이 떠안고 있던 재고를 줄이면서 다음 반도체 가격이 상승할 사이클을 앞당기는 결과로 이어졌고, 우리 반도체 기업들 역시 이득을 봤다.

한편 5G 네트워크 분야에서도 화웨이의 입지는 스마트폰의 경우보다 존재감이 더 큰 세계 1위 사업자였다. 하지만 역시 미국의 제재로 시장에서 퇴출되면서 우리나라 삼성전자를 비롯해 에릭슨, 노키아 등의 수혜가 예상된다.

사실 미국이 중국을 제재하기 시작한 시점은 한참 전인 2017년부터다. 당시 트럼프는 지식재산권 침해, 기술 강제 이전 요구 등 중국의 부당한 관행을 조사하라는 미국무역대표부 행정 명령에 사인했다. 2018년 3월에는 연간 500억 달러 규모인 중국 수입품에 25% 고율 관세를 부과하는 등 규제를 걸기 시작했다. 그 대상에는 중국이 제조업 굴기를 선언한 'Made in China 2025'에 해당하는 첨단 제조 품목도 포함됐다. 이후 갈등이 악화됐다 완화됐다를 반복하다가 2019년부터는 본격적으로 악화되기 시작해 현재에 이르고 있다.

그 결과로 나타난 것이 화웨이, SMIC 등에 대한 제재다. 당시 화웨이를 제재할 때만 해도 이 행위가 '정당한가', '금방 풀어줄 것이다.' 등 많은 이야기가 있었다. 확실히 지나치게 제재한다는 느낌이 있다. 앞으로 미국과 미국의 우방국이 아닌 나라 간 관계를 볼 때 기억해야 할 점이 있다. 미국은 대부분 하고자 하는 일을 당연하게 만드는 능력이 있고, 어떤 제재를 특정 국가에 가할 때는 그 명분을 반드시 내세운다는 사실이다. 그리고 그 명분이 만약 미국 시민의 안전과 국가 안보라면 제재 강도는 세지며 기간도 상당히 오래 지속되리라. 자주 쓰이는 핑계이기 때문에 그 표면적 이유 외에 다른 이유가 있겠다고 생각해도 좋다.

☑️ 우리나라가 얻을 수 있는 반사이익

궁극적으로 두 나라가 싸우는 이유는 무엇일까? 결국 이 싸움은 통화 패권에 바탕을 두고 있다. 최근 미국은 중국의 도전을 받고 있는 상태다. 중국은 자국 통화인 위안화로 원유를 결제할 수 있는 시장을 만드는 등 통화의 국제화를 위해 노력하고 있다. 이를 두고 볼 미국이 아니다.

중국은 반도체, 바이오, 로봇 등 여러 첨단 제조업 분야에서 두각을 나타내며 미국 독주를 막겠다는 의도였겠지만, 화웨이와 SMIC가 맥없이 무너지는 것을 보아 힘에 부친 듯하다. 단, 중국이 미국에 사용할 공격 수단으로 하나 준비하고 있는 것이 있는데 바로 미국의 국채다. 가끔씩 미국이 너무 못살게 군다 싶으면 이 국채를 매도하겠다고 협박하기도 한다. 미 국채를 갑자기 시장에 내놓으면 가격이 급락하면서 채권 금리가 상승할 수 있다. 물론 중국도 그만큼 손해 볼 수도 있지만 급소한 방 날린다는 생각으로 국채를 많이 모아놓은 것으로 보인다.

어쨌든 달러의 패권을 지키고자 하는 미국과, 이기지는 못하더라도 비슷한 위치로 위안화를 끌어올리고 싶어 하는 중국 사이의 힘겨루기는 의외로 누가 더 친구가 많은지에 따라 승패가 갈린다.

중국의 미 국채 수집 때문에 미국은 코로나19가 발생한 이후 친구를 만들기 위해 더 노력했다. 팬데믹에 돌입한 직후인 2020년 3월에 14개국과 통화스왑(Currency Swaps)을 체결하면서 미 국채를 가져오면 달러로 바꿔주겠다고 한 것이다. 시장은 안정을 찾게 됐고 우리도 그 덕을 크게 봤다.

결론적으로 이 싸움의 끝에 누가 승리하겠다는 전망은 섣불리 내기 어렵지만, 중론은 미국 승리를 예상한다. 우리나라야 차라리 미국의 중국 제재 또는 견제에서 발생할 수 있는 투자 아이디어를 찾는 쪽이 더 현명할 수 있다.

마지막으로 한 가지만 더 생각해보자면, 2021년 바이든 정부가 할 수 있는 중국에 대한 제재가 있다. 바이든 미국 대통령이 가장 먼저 내세우는 부분은 파리기후협약 복귀다. 트럼프 행정부 때만 하더라도 파리기후협약에서 탈퇴하고 재생 에너지나 친환경 분야 개발보다는 경제를 살리기 위해 규제를 풀어주는 방향에 집중했다. 따라서 친환경 분야에서는 중국이 미국을 앞선다는 평가를 받고 있는데, 바이든은 친환경에 관심이 높기 때문에 이 격차를 좁히려고 할 것이다. 그러므로 태양광이나 풍력 분야에서 우리나라 기업이 얻을 수 있는 반사이익도 올해는 공부해볼 필요가 있다.

04 금 투자는
'이럴 때' 하면 된다

✅ 달러와 금은 반대로 간다

앞서, 물가가 상승한다면 현금을 갖고 있기보다는 투자를 하는 것이 좋다는 이야기를 했다. 주식 역시 좋은 투자 방법이기는 하지만 이번에는 조금 다른 방법을 하나 소개해보고자 한다. 코로나19가 한창 심각했던 2020년 3월 이후부터 8월까지 금 가격이 올랐다는 뉴스도 매일같이 보도됐다. 그렇다면 이런 투자는 언제 하는 것이 좋을지 생각해보자.

📈 **2020년 금 시세**

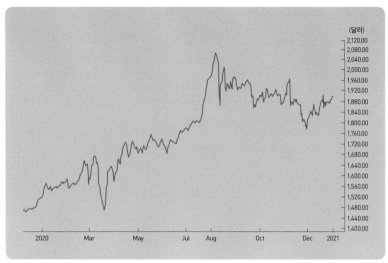

출처 : www.tradingview.com

2020년 금 가격 추이를 보면 1,400달러 중반쯤 시작해서 8월에는 2,000달러를 넘겼다가 2021년 1월 초 1,900달러 수준이다.

📈 **2020년 12월 기준 1년치 달러인덱스 추이**

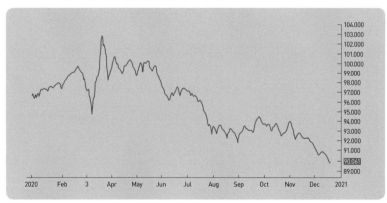

출처 : www.tradingview.com

달러인덱스 차트와 비교하면 거의 반대에 가깝다고 볼 수 있다. 달러가 비싸지면 금 가격은 하락했고, 달러 가치가 하락할수록 금 가격은 상승했다. 이렇듯 달러로 표시된 자산들이 달러 가치와 반대 방향인 경우가 많다. 그도 그럴 것이 예를 들어 금 한 덩이에 100달러라고 가정해보자. 하루 만에 달러 가치가 절반으로 줄었다면 그 금 한 덩이는 원래 가격의 두 배인 200달러를 지불해야 가질 수 있는 상품이 된다. 여러 요인이 중간에 끼어들 수는 있겠지만, 기본적으로 달러 가치의 방향성과 반대로 가는 이유다.

차트에서도 보이는 바와 같이 2020년 3월부터 전 세계적으로 팬데믹 공포가 있었고, 그나마 가장 안전한 자산 중 하나로 취급되는 달러 수요가 자연히 늘어났다. 달러 가치가 순간적으로 상승하고 나니, 금 역시 안전자산인데도 불구하고 반사 효과 때문에 1,700달러에서 1,450달러 근처까지 가격이 급락했다. 이후 달러 가치가 꾸준히 하락하면서 금은 추세적인 상승 흐름을 보이는 중이다. 따라서 금 가격이 상승한 주요 원인이 달러 가치 하락이라고 할 수 있다.

✅ 시장 위기에서 찾게 되는 안전자산

이런 이유로 금이 헷지 수단으로 사용되기 시작했다. '헷지(Hedge)'란 위험을 회피하기 위해 하는 투자로 생각하면 된다. 예를 들어 위험자산에만 투자하기에 불안한 시장일 경우, 안전자산을 함께 투자함으로써 전체 포트폴리오의 위험 노출도를 낮추는 방식이다. 뭔가 위험한 상황이 발생할 수 있다는 위기 의식에 투자가 일어나는 것인데, 그 배경으로 이번 전 세계적인 팬데믹에 미국도 큰 타격을 받았다. 그리고 미국은 세계에서 가장 빠르고 강한 양적 완화를 이행하기 시작했다. 돈을 풀었다는 뜻이다.

2008년 금융 위기 이후 10여 년간 달러를 공급하다가 2010년대 후반이 되어 지나친 달러 공급이 인플레이션을 유발할 수도 있다는 우려가 생기면서 속도 조절에 대한 이야기가 막 나오던 찰나였다. 10여 년간 푼 달러만큼을 코로나19 발생 이후 3개월 만에 비슷한 수준으로 풀었으니, 그 영향으로 발생할 인플레이션에 대한 위험을 시장은 느끼고 있었다.

가치라는 것이 그렇다. 세상에 잘 없어서 구하기 힘든 물건 가격은 오르고, 흔하게 널려 있는 물건 가격은 결국 떨어지기 마련이다. 마찬가지로 많아서 흔해진 달러는 가치가 낮아졌고, 그 반사 효과로 가격이라도 오르는 실물 자산에 투자하기를 원하는 수요가 늘어나면서 금 가격이 큰 폭으로 오르게 됐다.

게다가 금리를 거의 0에 가깝게 만들고 나니 이제 투자자로서 할수 있는 것이 없어졌다. 이자가 거의 없는 시장에서 채권을 사서 무얼할 것이며, 자금이 갈 수 있는 곳은 주식이지만 기본적으로 주식은 위험자산에 속하므로 모든 자금을 쏟을 수도 없는 노릇이다. 계속해서 발행되는 채권이라는 상품은 어차피 전부 나라 빚이기 때문에 언젠가는 문제가 될 수 있다는 위험성이 느껴진다. 리스크 대비 수익은 거의 없으니 금으로 수요가 몰리는 것이다.

금도 하나의 상품으로, 물가가 오르면 기본적으로 비슷한 수준의 가격 상승을 담보하기 때문에 이런 상황에서 훌륭한 위험 회피 수단이 될 수 있다. 달러의 반대 움직임으로써의 금 가격도 존재하지만, 안전자산으로써 금의 역할을 하는 것이 이런 때다. 바로 인플레이션에 대한 헷지 목적으로 2020년 금 가격이 상승했다.

금 가격이 상승한 마지막 이유를 보자면, 역시 상품 관점에서 영향을 받게 되는 수요 공급 원리가 있다. 모든 상품이 그렇듯 공급이 적으면 가격은 올라간다. 코로나19 때문에 금광이나 제련소가 문을 닫았고, 각국 봉쇄 때문에 유통 시장도 느려지면서 금 가격이 상승할 수 있는 환경이 만들어졌다.

금이 왜 오르는지 알았다면, 이제는 앞으로 더 오를 수 있을지에 대해서도 고민해보자. 금 가격이 2020년 이전에 최고치를 찍었던 때는 2011년 8월로 당시 1,900달러 초반대였다. 이미 10년 이상 상승세였지만 이때 금 가격이 3,000달러나 5,000달러 심지어 7,000달러까지 오르리라고 예상하는 사람도 많았다. 버블이라고 하는 사람도 있었다.

금은 2000년부터 2011년까지 거의 쉬지 않고 가격이 올랐다. 당시 10년간 연평균 물가 상승률이 2.4%였는데, 금은 연평균 20%가 넘게 올랐다. 물론 금 가격은 선물 시장에서 정해지기 때문에 투기적인 분위기가 생기면 쏠림 현상이 나타날 수 있다. 하지만 10년간 물가에 비해 10배 가까운 상승률을 보이며 올랐다는 것은 버블이라고 말하기에 충분했다.

하지만 그 후 금 가격은 5년간 하락하며 거의 반 토막이 됐다. "역시 물가 상승률을 지나치게 상회하는 금 가격의 상승 랠리는 거품이야! 결국 꺼질 수밖에 없었어!"라고 하면 좋겠지만, 그렇게 말하기에는 그 거품이 거의 10년간 지속됐다는 점이 문제다. 이제나저제나 돼지 머리를 놓고 기도하는 기우제는 비가 내리기만 하면 바로 끝나기 때문에 100% 통한다. 하지만 이렇듯 마냥 기다릴 수는 없는 노릇 아닌가. 그 시기를 어떻게 알 수 있느냐가 중요하다. 아래 달러 가치를 통해 살펴보자.

📈 **달러 가치와 미국의 쌍둥이 적자**

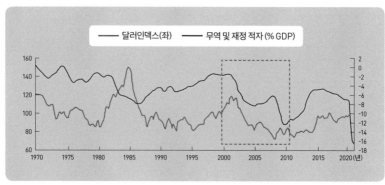

출처 : 블룸버그(Bloomberg)

이 그래프는 달러 가치와, 미국의 쌍둥이 적자로 불리는 무역과 재정 적자가 GDP 대비 몇 퍼센트에 달하는지를 나타낸 것이다. 회색 선이 세로축 마이너스권에 있으면 쌍둥이 적자가 심화되는 것을 뜻한다.

금 가격이 랠리를 펼친 2000년부터 2010년까지는 회색 선인 쌍둥이 적자가 심화되는 단계다. 그리고 금 가격이 5년간 반 토막 난 시절은 쌍둥이 적자를 다시 메꿔가는 시기다. 여기에서 얻을 수 있는 힌트는 첫째, 미국 쌍둥이 적자가 심화될 때 달러 가치는 하락하며 금 가격 상승을 이끌었고 둘째, 미국이 정신 차리고 다시 쌍둥이 적자를 줄일 때 달러 가치가 반등하며 금 가격이 하락했다는 점이다.

그렇다면 지금도 같다. 먼저 코로나19의 타격으로 쌍둥이 적자가 나타났고, 2021년 1월 초까지 달러 가치는 지속적으로 하락하는 중이다. 따라서 금 가격 상승이 이어질 가능성이 있다는 것이다. 코로나19가 해결된다면 지금은 서로 방역 때문에 닫혀 있는 무역이 다시 활성화되면서 미국 무역 적자가 일정 부분 해소될 것이다. 또한 경기의 지나친 붕괴를 막기 위해 쏟아붓고 있는 재정 부양책도 점차 줄어들면서 달러는 시장의 신뢰를 되찾고 상승할 것이다. 그 시기가 올 때까지는 금 가격이 추세적으로 하락할 가능성이 낮다고 볼 수 있겠다.

'달러'를 모르면 투자하지 마라

✅ 달러를 지켜라

해외 어디를 가든 달러는 통한다. 무역에서도 달러를 쓴다. 물론 편하기 때문에 사용되겠지만, 달러가 가진 기축통화성에 도전했던 많은 국가들은 전부 실패했다. 미국도 달러가 누리고 있는 기축통화성을 지키려고 애쓰는 상황은 미·중 무역 분쟁과도 연관되므로 달러 이야기를 해보고자 한다.

그리 오래되지 않은 과거에 일본이 달러의 패권에 도전했던 적이 있다. 당시 미국은 1970년대 말부터 스태그플레이션이 찾아와 통화 긴축 정책을 시행하던 때였다. 하지만 달러가 부족해지면서 달러 가치가 급등하게 됐고 수출이 타격을 받아 무역 적자가 쌓였다. 게다가 1981년부터 재임한 로널드 레이건 대통령의 감세 정책 때문에 재정 적자까지 감당해야 했다. 그야말로 쌍둥이 적자가 극심했던 시기다.

금리를 다시 내리자는 의견도 있었지만 달러 가치가 오르면서 미국 금융 시장으로 몰리는 자금을 무시할 수 없었다. 인플레이션을 막기 위한 금리 인상이었기 때문에 섣불리 금리를 내릴 수도 없는 노릇이었다.

 1985년 플라자 합의 이후 달러 가치 급락 추세 (달러인덱스)

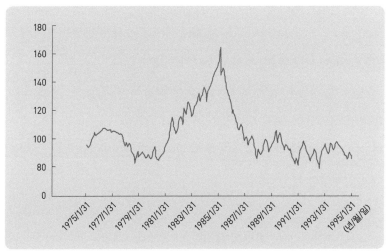

출처 : stooq.com

자연스럽게 미국 자동차 산업을 비롯한 제조업의 경쟁력이 악화됐고, 특히 엔화 약세로 가격적인 이점을 갖고 미국에 수출을 많이 하던 일본에 대한 적대적인 감정이 커졌다. 결국 국민적인 운동으로 번지면서 미국 정부는 세계 각국을 상대로 하는 규제와 관련된 정책을 내세웠고, 그들을 협상 테이블에 앉게 만들었다. 이것이 그 유명한 플라자 합의다.

플라자 합의는 1985년 미국, 영국, 독일(서독), 프랑스, 일본으로 구성된 5개국 재무장관이 미국 뉴욕에 있는 플라자 호텔에서 만나 환율에 대해 했던 합의다. 지금이야 G20, G7 등 회의가 매년 열리지만 당시로는 매우 특이한 경우였다. 5개국 정부는 일정 목표 환율을 정하고 이에 도달할 때까지 달러를 매각하면서 엔화를 사기로 합의했다. 그 결과 하루 만에 1달러에 235엔이나 하던 환율이 9% 가깝게 하락했고, 1년 후에는 120엔까지 내려가며 엔고 시대가 열리게 됐다.

당연한 결과겠지만 플라자 합의 이후 달러 가치는 하락했고 미국 수출이 살아났다. 당시 대장성 대신이던 다케시타 노보루는 합의에 서명하면서 "일본에 대한 미국의 항복"이라고 말했지만 결국 후일 실수였다고 인정했다.

그런데 불을 보듯 뻔하게 불리한 이 합의에 4개국은 왜 동참한 것일까? 그 이유는 위에서 간단하게 언급한 대로 미국이 제시한 정책들 때문이었다. 미국은 소련과의 긴장 관계를 유지하기 위해 쏟아붓는 막대한 자금이 적자 원인 중 하나라고 꼽으며 비용을 줄이겠다고 했고, 보호 무역을 하기 위해 GATT(General Agreement on Tariff and Trade)를 탈퇴하겠다는 뜻을 내비쳤다. 이어 각국 정부를 움직이게 만든 가장 중요한 정책은 바로 달러의 무제한 공급을 시행하겠다는 것이었다. 말로는 합의라고 하지만 반협박적인 정책으로 이끈 합의는 결국 달러를 안정화시켰고 엔화 상승이라는 결과를 냈다.

✅ 일본의 잃어버린 20년

일본 정부는 엔고로 경기가 침체될 수 있다는 우려 때문에 저금리 정책을 펼치기 시작했는데, 이때부터 문제가 생겼다. 양적 완화 정책으로 돈을 열심히 공급하는데도 엔화가 더 비싸지는 상황이 발생하면서 싼 이자로 높은 가치의 엔화를 빌릴 수 있게 됐다.

엔화 가치가 오르면서 일본 기업들은 그동안 엔저로 누릴 수 있던 수출 이점을 잃게 되어 회사 내실이 부실해졌다. 반면 사람들은 싼 이자로 비싼 엔화를 마구 빌렸다. 즉, 수출은 되지 않는데 돈은 많은 상황에서 일본 국민들이 주식과 부동산을 매입하기 시작한 것이다.

기업 상황이 실제로는 나빠지는데 주가만 오르는 상태가 심해지며 고평가를 넘어 버블이 형성됐다. 이뿐만이 아니었다. 저금리로 빌린 엔화가 고평가를 받는 상태였기 때문에 이 화폐를 달러나 다른 통화로 바꾸는 것이 이득이라고 생각했고, 해외 자산이나 부동산에 대한 투자가 활발하게 일어났다. 이때 하와이의 절반 이상이 일본인 소유가 되거나 미국 록펠러센터(Rockefeller Center) 등 대표적인 빌딩이 일본 회사인 미쓰비시의 소유가 되는 일이 발생했다. 이렇듯 자산의 해외 유출을 부추겼다.

일본 정부도 이 사태를 보고만 있을 수는 없었는지 1980년대 말부터 급격하게 긴축 정책을 시행하면서 자산 버블을 막고자 노력했다. 일본은행은 1989년 5월 기준금리를 2.50%에서 3.25%로 75bp나 인상하는 것을 시작으로 1년 3개월 만에 5차례에 걸쳐 기준금리를 6%까지 만들었다. 그리고 대출도 규제하기 시작했다. 대표적으로 1990년 부동산 대출을 억제하고자 부동산 대출 총량을 규제하는 정책을 발표하기도 했다. 하지만 일본은행의 금리 인상과 동시에 진행된 규제 정책 효과가 생각보다 강하게 나타났고, 오히려 시장이 붕괴되는 결과를 만들고 말았다.

일본 니케이225의 주가 움직임을 생각해보면 당시 상황을 종합할 수 있다. 1985년 플라자 합의 이후 일본 국민들이 엔화를 빌리는 빈도가 늘어나면서 주식투자에 몰두했다. 자산 시장의 거품은 긴축 정책을 시작한 1989~1990년대까지 지속되면서 12,000엔이었던 니케이225가 단 5년 만인 1990년에 40,000엔에 육박할 정도로 성장했다. (참고로 니케이지수 단위는 '포인트'가 아닌 '엔'이다.)

그러나 2년이 채 되지 않은 1992년에는 14,000엔 가까이까지 하락하게 된다. 이런 말은 와닿지 않을 수 있으므로 우리나라 코스피 기준으로 설명하자면 2,000포인트 수준인 코스피가 5년 동안 쉬지 않고 올라 6,500포인트를 찍지만, 바로 2년 안에 다시 2,300포인트까지 내려온 것으로 생각하면 된다.

니케이225는 그 후에도 20여 년간 계속해서 하락세를 탔는데, 이것이 바로 일본의 '잃어버린 20년'이다. 부동산도 비슷하게 1989년 긴축이 시작되면서 3년 동안 50%가 넘는 가격 하락을 경험하게 됐고, 이런 식으로 일본은 오랜 경기 침체의 길로 들어섰다.

✅ 망할 수 있는 나라, 망할 수 없는 나라

일본 사례로 알 수 있듯 통화의 안정성은 매우 중요하다. 그 안정성을 최고로 인정받은 통화는 기축통화로 사용될 수 있다. 그만큼 세계적으로 인정받았다는 것은 가장 망할 확률이 낮은 국가, 가장 강한 국가라는 뜻과도 연결된다.

플라자 합의 전에 레이건 대통령이 세계 주요국들을 상대로 협박할 때, 달러를 무제한 공급해서 적자를 감당하겠다고 했다. 이 협박이 통한 이유도 달러의 기축통화성이 인정되고 있었기 때문이다. 신흥국이 적자를 메꾸겠다고 자국 통화를 엄청나게 찍어낸들 신경 쓸 나라는 없다. 오히려 막대한 물가 상승을 초래해서 국가 붕괴까지 갈 수 있다는 것과는 상당히 대조적이다.

이미 유명한 이야기지만 베네수엘라를 예로 들어보자. 베네수엘라는 전 세계에서 가장 많은 원유가 매장된 국가다. 총 수출의 90%를 원유가 담당하고 있고 GDP의 60% 이상을 원유 수출에 의존한다. 우리처럼 자원이 없는 나라는 그저 부러울 따름이다. 저 나라는 망하고 싶어도 망할 수 없겠구나, 라고 생각할 법한데 왜 망하게 됐을까?

1970년대 20달러대에 불과했던 유가가 120달러까지 치솟으면서 베네수엘라가 호황을 맞이한 적도 있었다. 하지만 이번 챕터 시작할 때 잠깐 언급했던 대로 스태그플레이션 때문에 미국이 금리를 높이기 시작했다. 이때 형성된 강(强)달러 현상에 더해 1980년대 중반 미국 알래스카 유전이 개발되고 남미와 아프리카, 유럽에서 새 유전이 발견되면서 유가는 급격히 하락하게 됐다.

그 결과 베네수엘라 재정은 파탄이 났고, 1990년 말 우고 차베스 대통령이 집권하게 됐다. 마침 2000년대에 다시 돌아온 고유가 덕분에 오일머니를 손에 쥔 차베스는 거대한 복지 정책으로 인기를 끌면서 재정 지출을 더욱 확대했고, 2013년 차베스 사망 후 그 후계자인 니콜라스 마두로 역시 같은 정책을 취했다.

이후 100달러를 상회하던 유가가 폭락하면서 베네수엘라 재정은 다시 파탄을 겪게 되지만, 인기를 유지하기 위해 나라의 재정 지출을 줄일 수는 없었다. 적자를 해결하기 위해 베네수엘라는 자국 통화인 볼리바르를 찍어내기를 택했고, 곧 국가는 나락의 길로 빠졌다.

밖으로 도는 기축통화가 아닌 상태에서 돈을 무작정 발행하면서 화폐 가치가 폭락했다. 그리고 2018년에 13%가 아닌 130,000%, 2019년에는 9,500%의 믿을 수 없는 살인적인 물가 상승률을 기록하며 영영 돌아올 수 없게 됐다.

이런 베네수엘라와는 다르게 미국은 끝도 없이 달러를 찍어내고 있다. 2008년 금융 위기 때부터 그랬지만 이번 코로나19 사태 이후로는 더 급격하게 화폐를 발행하는데도 불구하고, 세간의 우려는 있지만 미국에서 물가 상승이 폭발적으로 일어났다는 이야기는 들어본 적이 없다. 그래서 기축통화성이 매우 중요한 것이고, 통화에 대한 신뢰가 중요한 것이다.

이번 팬데믹 이후 기준금리는 제로 수준으로 낮아졌고, 무제한 국채 매입에 회사채와 기업 어음까지 매입하며 미국 정부 부채는 과거 세계대전 때와 비슷하게 쌓여 있다. 또한 연준은 SPV(Special Purpose Vehicle), 즉 특수 목적 회사를 세우고 재무부가 발행하는 채권을 매입하는 프로그램을 통해 더 많은 돈을 찍어냈다. 더 나아가 기왕에 발행된 채권을 영구 보존하기로 하면서 채권이 만기가 되더라도 상환을 하지 않는, 쉽게 말해 논개처럼 채권을 안고 떨어지는 정책까지 나오면서 부채는 실로 눈덩이처럼 불어났다.

이 정도면 달러에 대한 신뢰가 깨질 만도 하지 않나 싶다. 하지만 팬데믹 상황에 경제적 수요가 없고 유가가 낮은 수준을 유지하는 상태에서 물가는 움직이지 않는다는 점을 알기 때문에 더욱 적극적으로 달러를 공급할 수 있었고, 그 신뢰도 여전히 유지되고 있다.

사실 코로나19 같은 상황은 오히려 신뢰성 있는 통화를 보유하지 못한 신흥국에 더 부담이 될 수 있다는 점을 기억했으면 한다. 앞서 확인한 대로 기축통화는 시장이 흔들릴 때 돈을 더 찍어내면 되지만 우리나라 같은 나라들, 여러 신흥국들은 그렇게 할 수가 없다. 만약 이런 상황이 발생해서 원화 가치가 떨어진다면 외국 자본이 한국을 떠나게 된다. 채권을 발행해서 돈을 조달하면 될 수도 있겠지만, 신뢰가 깨진 채권은 팔리지 않는다. 결국 한국은행이 채권을 매입해야 하는데 그러려면 또 돈을 찍어야 하는 악순환에 빠질 수 있다. 바로 베네수엘라 꼴이 되는 것이다.

이번에 팬데믹에 돌입한 직후인 3월, 미국이 갑자기 14개국과 통화스왑을 체결하면서 신흥국들이 달러가 모자랄 수 있는 상황을 진정시켰다. 이때 한 가지 더 제시했는데, 달러가 필요할 때 미 국채를 가져오면 달러로 바꿔주겠다는 것이었다. 달러가 당장 모자랄 경우 국가 신용에 문제가 생길 수 있기 때문에 이 정책으로 우리나라 시장도 안정을 되찾을 수 있었다.

그렇다면 미국은 왜 그랬을까? 14개 나라가 혹시 이 상황을 너무 힘들어할까 봐 미리 신경 써준 것일까? 쉽게 말하자면, 미 국채는 사지는 못할 망정 시장에 내다 팔지 말라는 뜻이다. 이것이 바로 기축통화를 가진 국가가 펼 수 있는 정책이고, 이런 이유로 중국이 배 아파서 미국 달러 패권에 도전하는 중이지만 쉽지는 않을 듯하다.

"

지금이야 우리가 은행에 저금해봤자
이자가 거의 없지만 예전처럼 1년에 15~20%씩
이자를 주던 시절로 돌아가면
굳이 머리 아프게 주식이나 부동산에
투자할 일이 있을까?

"

과거에서 배우고
미래를 읽으면 종목이 보인다

3장

과거 금융 위기는
어땠을까?

✅ 시장을 볼 때는 반대를 생각하라

코로나19 때문에 극심한 주가 하락과 엄청난 반등을 겪으면서 오늘날 경기는 여전히 바닥을 기고 있다. 이러한 상황에서 2021년에 대한 기대는 크게 두 가지로 나뉜다. 하나는 지난해 연말의 기세를 이어받아 금융 시장이 호황을 맞을 것, 다른 하나는 이제 고점을 찍고 다시 또 급락을 경험한다는 것이다.

나는 시장을 볼 때 항상 반대 상황을 생각하는 편이다. 지금 상황이 너무 좋지 않으면 솟아날 구멍이 있는지 찾아보고, 그 구멍이 작게나마 보인다면 더 넓힐 수 있는 경우의 수를 생각한다. 반대로 현재 시장이 너무 좋다면 내가 보지 못한 균열이 어디선가 일어나고 있지는 않을까 걱정하고, 그 균열을 찾으려 애쓴다. 왜냐? 지금 시장이 좋은데 앞으로 더 좋을 것이라는 단서는 굳이 찾지 않아도 나는 주식을 팔 생각이 없기 때문이다.

그렇다면 지금은 어떨까? 굉장히 뜨거웠던 시장을 마무리하고 2021년을 맞이하는 연초다. 이 이야기를 써 내려가면서 내일 개장이 어떨지 고민하고 있다. 그 염원을 담아 어쩌면 조금은 긍정적인 내용이 될 수도 있겠다. 결론적으로 말하자면 큰 걱정을 하고 있지는 않다.

사실 이번 활황장이 깨질 수 있는 요건들은 참 많다. 나는 이것을 균열이라고 부른다. 균열이 벌어질지 연초 내내 평가하고, 실제로 벌어진다면 주저 없이 포트폴리오를 정리할 것이다. 그럼 이 균열들 중 하나인 인플레이션에 대한 이야기를 먼저 해보자.

2020년 시장에는 정말 많은 유동성이 공급됐다. 돈이 많이 풀렸으니 그만큼 가치가 떨어지는 것도 당연하고, 인플레이션이 올 수 있다고도 한다. 여기에서 이야기하는 인플레이션은 단순히 자산 가격을 뻥튀기하는 수준을 넘어 경제를 무너뜨리는 물가 상승률을 뜻한다. 마침 지난해 추석 연휴 동안 비앙코리서치의 설립자인 짐 비앙코(Jim Bianco)가 CNBC와의 인터뷰를 통해 "한 세대 만에 처음으로 높은 인플레이션이 발생할 것"이라며 2021년에 대한 우려를 내비쳤다. 그가 말한 요지는 이렇다.

앞으로 핵심 물가 상승률이 미국 연준 목표치인 2%를 0.5%p가량 상회하면서 2.5%가 될 수 있다고 한다. 그런데 이 2.5%의 물가 상승률은 최근 30년 가까이 본 적 없는 최고치이기 때문에 이 현상에 익숙하지 않은 소비자들의 수요가 몰리면서 인플레이션을 일으킬 수 있다는 것이다.

핵심 물가 상승률은 코어 인플레이션(Core Inflation)이라고도 하는데, 가격 변동이 지나치게 심한 원유나 채소 등 품목을 제외한 물가 상승률을 이야기한다. 원유의 경우 한 해에만 10달러가 됐다가 50달러도 되고 하기 때문에 이런 품목들을 물가 상승률에 포함하면 수치가 왜곡될 수 있다.

물론 물가가 오르면 사람들이 물건을 더 사려고 하는 것도 맞다. 우리가 주식투자할 때 막 오르고 있는 종목을 보면 사고 싶어지는 심리와 같다. 이번 코로나19 여파로 선진국에만 14조 달러, 우리 돈으로 1경 원이 넘는 엄청난 유동성이 깔려 있다. 게다가 개인사업자들이 힘들어하는 동안 소비가 줄었을 것이므로, 그동안 못했던 소비를 하고자 할 수도 있다. 이런 과정을 거치면서 물가가 오른다면 미국 연준 입장에서는 깜짝 놀라면서 금리 인상을 단행할 수도 있는 노릇이다.

이때 연준이 금리를 올리는 이유는, 우리가 왜 은행에 저금하고 주식에 투자하는지를 보면 알 수 있다. 지금이야 우리가 은행에 저금해봤자 이자가 거의 없기 때문에 그 대신 주식을 사든 다른 투자를 한다. 하지만 예전처럼 1년에 15~20%씩 이자를 주던 시절로 돌아가면 굳이 머리 아프게 주식이나 부동산에 투자할 일이 있을까? 건물 사봐야 수익률이 얼마나 된다고…… 하면서 그냥 은행에 넣고 놀러 다니는 것이 훨씬 속 편할 수 있다.

이렇듯 금리를 인상해서 이자를 더 받을 수 있는 상황이 되면 시장 유동성은 줄어들게 된다. 오르던 주식이 멈추고 물가도 잡힐 것이기 때문에 만약 인플레이션이 발생한다면 연준이 금리 인상 카드를 꺼낼 수 있다고 예상할 수 있다.

하지만 실제로 금리가 오르면 우리나라 기준으로 지금처럼 가계 부채가 사상 최대치를 찍고 주택 담보 대출이 최대인 상태에서 이자 부담이 늘어날 가능성이 있고, 그렇게 되면 서민 경제는 파국을 맞게 될 수도 있다. 꼭 1년에 수천 배씩 물가가 오르는 베네수엘라 상황이 돼야만 인플레이션의 문제점이 드러나지는 않는다. 이렇게 들으면 상당히 무서울 정도다.

✅ 2000년 VS 2008년, 최선의 방향은?

과거 사례 2가지를 들어 지금과 비교해보자. 하나는 2000년도 IT 버블이고, 다른 하나는 2008년 글로벌 금융 위기다. 미리 말하자면 둘 사이에는 분명한 차이가 있다. 그리고 그 둘 중 좋은 결과가 나타났던 케이스를 따라 한다면 이번에도 별 문제 없이 넘어갈 수 있다.

📈 2000년과 2008년 당시 S&P500지수

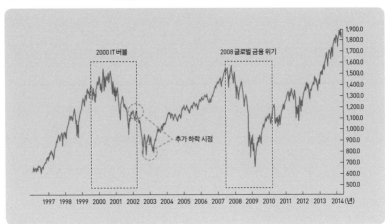

출처 : www.tradingview.com

📈 2000년과 2008년 당시 달러인덱스

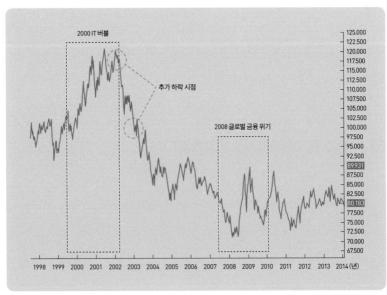

출처 : www.tradingview.com

돈의 물결

그래프에서 확인할 수 있듯 IT 버블이 끝나고 나서 S&P500지수는 재차 30% 이상 하락하며 더블딥 우려를 나타냈다. 같은 시기 달러 역시 큰 폭으로 가치가 떨어졌다. 반면 2008년 금융 위기가 지나고는 S&P500지수가 곧 고점을 뚫고 상승했으며 달러 가치도 큰 훼손 없이 안정세를 보였다. 당연히 이 두 위기 중 2008년 때의 정책을 따른다면 우리는 이번 고비도 잘 넘길 수 있다고 본다. 도대체 무엇이 둘의 차이를 만들어냈을까?

두 시기의 차이는 바로 실질금리가 올랐느냐 아니냐에 있다. '실질금리'라고 하면 명목금리에서 기대 인플레이션을 뺀 나머지다. 예를 들어 우리가 은행에 저금하고 이자를 연 10% 받는다고 가정했을 때, 1년 뒤 물가가 10% 오르면 가진 자금의 절대적인 크기는 커졌지만 실제로 교환 가치가 커지지는 않았기 때문에 실질금리가 0이 된다.

우리는 금융 위기가 닥치거나 시장이 어려울 때 각국 중앙은행에서 금리 인하 등 통화 완화적인 정책을 펼친다고 알고 있다. 위기가 완화된다면 다시 금리를 정상으로 돌려놔야 한다. 즉, 금융 위기 이후 명목금리가 상승하는 시기는 겪게 되기 마련이다. 금리가 오르면서 금융 시장에 들어왔었던 자금이 유출되는데, 만약 실질금리가 따라 오르지 않는다면 그 유출을 막을 수 있다. 우리 상황을 대입하더라도 금리가 올라서 은행 이자는 더 많아지는데 물가도 함께 올라 실질적인 효과가 거의 없다면 지금까지 하던 대로 주식에 투자하지, 그 자금을 빼서 은행에 넣지 않는 것과 같다.

✅ 평균 물가 목표제를 도입하라

📈 2000년과 2008년 당시 주가 저점 이후 금리 추이

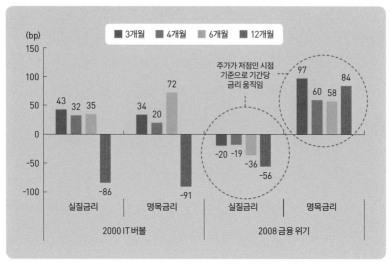

출처 : 블룸버그(Bloomberg)

그래프를 보면, 2000년 IT 버블 때는 명목금리의 움직임을 실질금리가 따라갔다. 반면 2008년 글로벌 금융 위기 당시는 명목금리가 올라가더라도 실질금리는 오히려 떨어졌다는 사실을 확인할 수 있다. 이런 현상이 가능했던 이유는 2008년 위기가 비정상적이다 싶을 정도로 충격이 컸고, 따라서 미국 연준과 정부도 전통적인 방식에서 벗어난 통화량 공급으로 물가를 자극했기 때문이다.

2020년 8월에 있었던 잭슨홀 미팅에서 미국 연준 의장 제롬 파월이 도입하겠다고 한 '평균 물가 목표제'가 2008년 케이스를 따라가는 것과 같다고 볼 수 있다. 연준은 이전까지는 2.0%를 목표 물가로 제시하고 있었다. 그러면 물가 상승률이 1.8~1.9%만 되더라도 시장은 슬슬 연준이 긴축을 통해 물가를 잡을 것이라 예측하고 대응할 테다.

하지만 평균 물가 목표제를 도입하게 되면 상당 기간 동안 평균적인 물가를 2.0%만 유지하면 된다. 따라서 최근 3년여간 물가 평균이 1.5% 수준밖에 되지 않음을 감안할 때, 2.5% 정도의 물가가 3년간 지속된다고 하더라도 용인할 수 있는 수준이 된다. 즉, 웬만큼 물가가 오른다고 해도 연준이 현재 시행 중인 완화 정책을 거두지는 않겠다는 믿음을 갖게 된다는 말이다.

📈 2020년 12월 FOMC 점도표

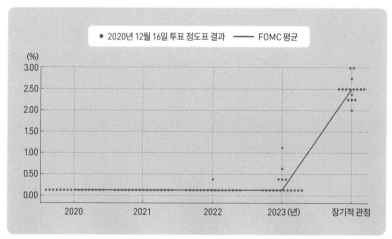

출처 : 블룸버그(Bloomberg)

그렇다면 2020년 12월 연준 회의 FOMC 이후 공개된 점도표도 이해된다. 그 해 금리가 어느 수준까지 될 것 같은지 위원들이 투표한 결과가 이 표의 연도 위 점으로 나타난다. 시장에 완화적인 정책을 꾸준히 사용하리라는 믿음을 보여주듯 2021년은 물론이고 2022년에도 금리 인상 쪽에 점을 찍은 위원은 1명뿐이다. 또한, 파월 의장이 지난해 2020년부터 쭉 정부의 공격적인 재정 정책이 함께하기를 요구한 것처럼 2021년에는 꾸준한 부양책으로 기대 인플레이션을 자극하며 시장을 지켜내기 위해 노력할 것으로 예상된다.

지금 이 내용은 어쩌면 감히 월가의 유명 시장 조사 전문가라고 할 수 있는 짐 비앙코의 견해가 틀렸다고 말하는 것처럼 들릴 수 있지만 그렇지는 않다. 그의 견해도 분명 역사적으로 발생했던 인플레이션과 지금 상황이 비슷하기 때문에 제시한 내용이고, 지금 설명하는 내용 역시 또 다른 역사적 사건들에 비춰 제시한 경우의 수 중 하나일 뿐이다. 향후 각국 중앙은행들과 정부 정책들, 코로나19의 진행 상황에 따라 언제든 바뀔 수 있는 아이디어임을 이해해주기 바란다.

모빌리티 시대
준비하기

✅ 현대자동차는 미국에서 정말 잘 팔릴까?

우리나라 대표 자동차 기업이라고 하면 현대차를 들 수 있다. 국내에서 팔리는 정보는 인터넷에 검색하거나 길만 나서도 흔히 널려 있기 때문에 해외에서 우리나라 자동차 실적을 확인하는 법을 알아보자. 먼저, 현대차는 과연 미국에서 정말 잘 팔릴까?

2000년 초반 내가 미국에 있을 당시 친구들과 TV를 보고 있으면 현대차와 기아차 광고가 참 자주 나왔었다. 현대차 차종은 잘 기억나지 않지만 기아차는 스포티지 광고가 그렇게 많이 나왔다. 나름의 애국심이 밀려와 친구들에게 저 차를 한국에서 만들었는데 일본에 밀리지 않는 좋은 품질에 가격은 더 싸니까 미국에서도 잘 먹힐 것이라고 입이 마르고 닳도록 이야기하곤 했다.

친구들은 항상 광고 마지막 문구에 의문을 가졌었는데, "America's Best Warranty : 10-year/ 100,000-mile"이라는 내용이었다. 10년 또는 10만 마일을 보증한다는 뜻인데, 10만 마일이면 우리 기준으로 16만 킬로미터다. 미국이야 땅덩어리가 넓어 10만 마일을 달리는 것은 일도 아닐 수 있지만, 우리는 차를 탈 때 10만 킬로미터 정도가 넘으면 슬슬 차를 바꿀 때인가…… 생각한다. 그런데 무려 16만 킬로미터 보증이라니. 그만큼 달리지 않으면 10년간 보증해줄 수도 있다니. 그 정도로 안 팔렸다. 미국에서 한국 브랜드 차종은 현대차나 기아차 할 것 없이 저소득층이 타는 차로 인식되고 있었다. 그랜저든 쏘나타든 말이다. 일본 차보다 저렴한데 성능은 괜찮고 보증 기간도 길다고 하니 경제적으로 합리적인 소비를 하려는 저소득층이나 타기 가장 적합한 것으로 현대차가 꼽혔다. 주변 시선을 신경 쓰는 사람이라면 어림도 없었다. 그만큼 인기도 없고 사실 아무도 타지 않는다고 볼 수 있는 브랜드였다.

그런데 지금은 분명 달라졌다. 그 단서를 2가지만 꼽아보도록 하자. 하나, 미국에서 잘 팔리는 차인지 아닌지를 알 수 있는 지표가 있다. 바로 딜러에게 주는 인센티브로, 딜러가 차를 팔면 주는 보너스 개념으로 생각하면 된다. 당연히 잘 팔리는 차는 팔아도 인센티브를 많이 줄 필요가 없다. 누가 팔아도 잘 파니까 말이다. 하지만 잘 팔리지 않는 차를 딜러가 노력해서 팔면 그만큼 보상이 있어야 하는 셈이다. 매달 미국에서는 자동차 판매량과 함께, 각 브랜드별로 인센티브가 얼마나 오르내렸는지 발표된다. 그 수치가 자주 왔다 갔다 하기도 하고, 다른 브랜드 대비 현대차나 기아차 인센티브가 어떤지 봐야 하므로 매달 확인할 필요가 있다. 다른 브랜드 차량 대비 인센티브가 높다면 잘 팔리지 않는 차를 밀어내기식으로 억지로 파는 것이다. 인센티브를 더 많이 주면 딜러가 본인 재량으로 차 가격을 깎거나 블랙박스 등 옵션을 추가하고 우산이라도 몇 개 더 챙겨줄 수 있기 때문이다. 반면 인센티브가 낮아진다면 차가 잘 팔린다는 뜻이다.

내가 직접 운영 중인 유튜브 채널에 인센티브 관련 영상을 찍었을 때가 2020년 9월 14일이었다. 당시 이미 두 달 전인 7월 현대차 주식을 98,500원에 매수했기 때문에 9월 14일 종가 기준 180,000원 정도면 82% 넘는 수익률을 보이던 때라 매도를 고민하고 있었다.

하지만 미국에서는 현대차 인센티브가 하락하기 시작했다. 이때 평균 인센티브는 평균 2,255달러로 ATP(Average Transaction Price), 즉 평균 매매 가격 대비 8% 수준이었고 같은 시기 미국에서 팔리던 메이저 자동차 메이커들 중 거의 최저 수준이었다. 가장 낮은 데는 토요타와 혼다였는데, 그들과 비슷한 수준으로 인센티브가 책정된 데서 더 나아가 코로나19 이후 현대차 인센티브는 줄어드는 중이고 그 둘은 조금 오르는 중이었다.

일본 자동차는 세계 시장에서 생각보다 엄청난 호평을 받는다. 가격은 좀 비싸지만 절대 고장 나지 않고, 마감이 튼튼하며 연비가 뛰어난 차로 정평이 나 있기 때문에 스스로 알아서 팔리는 차로 손꼽힌다. 그런데 그런 급과 비슷해졌다니. 코로나19 때문에 사람들 지갑이 닫힐 줄만 알았으므로 내가 당시 본 현대차의 인센티브 하락은 매우 고무적이었다.

변화의 두번째 단서는 현대차 플릿(Fleet) 판매 비중이 떨어지며 2020년 8월에 2.8%로 집계된 것이다. 플릿은 단체로 주문하는 차를 뜻한다. 예를 들어 어떤 회사에서 업무용 차량으로 쏘나타를 한 번에 50대 주문했다면 이런 거래를 플릿 거래라고 하며, 전체 판매 대비 그 비중이 2.8%였다는 말이다.

한 마디로 단체 손님인 셈이니 플릿 거래가 많으면 차량 판매 대수를 늘리는 데 매우 효과적이고 대부분 단골로 또 주문하는 경우가 많기 때문에 긍정적인 점도 있다. 하지만 대신 할인율이 높은 편이다. 쏘나타 50대를 주문할지 K5 50대를 주문할지 저울질한다면 딜러 입장에서는 놓치고 싶지 않은 거래 기회이므로 할인을 많이 해줄 수밖에 없다.

당시 산업 내 플릿 비중이 8% 정도였는데 현대차가 2.8%였으니 꽤 낮은 수치였다. 플릿 비중이 높으면 차량이 많이 팔려도 큰 폭의 이익 성장은 어려운 경우가 많다. 그때는 마침 코로나19가 심각한 시기였기 때문에 기업들 사정도 좋지 못했다. 플릿 시장은 법인 차량이 많기 때문에 8월에 시장이 침체를 겪고 있었다는 의미가 된다. 그 와중에 현대차 플릿 비중이 낮다는 것은 불황에 영향을 받지 않고 실적을 잘 낼 수 있다는 말이기도 했다. 8월달 수치지만 9월에 발표되기 때문에 이 소식은 신차 효과를 눈앞에 두고 있던 현대차에 대한 기대를 더 불러일으켰다.

ATP는 신차인 팰리세이드의 효과로 이미 높은 상태였고, 미국에서 대형 SUV와 고급 세단 판매량이 좋았다. 이 라인업에 제네시스가 투입되어 어느 정도 성적을 거두기만 한다면, 2021년 올해 출시되는 전기차 아이오닉5의 모멘텀 전까지 현대차를 버티게 할 힘은 충분하다고 판단된다.

✅ 전기차 전용 플랫폼의 탄생

아이오닉5는 2월 23일에 공개됐지만 차가 실제로 출시되어 소비자 손에 들어오는 것은 5월 정도로 예상된다. 시기가 정확하지 않아도 어쨌든 지금 시점에서 E-GMP에 대한 기대들을 정리해보겠다.

먼저 E-GMP를 비롯한 전기차 전용 플랫폼의 장점부터 보자. 지금까지도 전기차는 잘 만들어왔는데 갑자기 왜 전용 플랫폼이 필요할까? 전기차는 기본적인 자동차 틀이 기존의 내연기관 자동차와 다르다. 쉽게 설명해보자면 일단 전기차에는 배터리가 들어가고 전기로 돌리는 모터를 사용하지만, 내연기관 차는 기름을 넣는 기름 통이 필요하고 모터가 아닌 엔진이 필요하다. 우리가 자동차 보닛을 열면 거대하고 복잡한 것을 볼 수 있는데, 그것이 바로 모터다. 전기차는 이것도 필요 없다.

지금까지 전기차는 내연기관 차 뼈대에 배터리를 넣을 수 있는 공간을 만들고, 엔진 룸을 비워 그 자리에 모터를 두는 등 기존의 구조를 억지로 바꿔서 끼워 맞추는 식으로 제작됐다. 원래는 없던 자리를 만들기 때문에 안전성 문제도 있을 수 있고, 쓸데없는 부품도 많이 들어가 제조 원가를 높이는 데 한몫했다. 하지만 전용 플랫폼으로 설계를 시작하면 버려지는 부분도 없고 안전성을 확보할 수 있으며 고장 시 AS도 간편해진다.

이번에 공개된 E-GMP의 모습은 이렇게 생겼다.

📈 전기차 전용 플랫폼 E-GMP

출처 : 현대자동차 홈페이지

이 플랫폼은 모양이 스케이트보드처럼 생겼다고 해서 스케이트보드 방식으로 불린다. 일단 기존에 엔진 룸이 있어야 할 자리에 작은 구동 모터밖에 없기 때문에 큰 엔진 룸이 필요 없다. 그리고 앞바퀴와 뒷바퀴를 이어주는 구동축도 필요 없이 앞과 뒤 모두 구동모터를 장착하여 4륜을 지원한다. 구동축이 없으므로 편안하게 가운데 바닥에 납작한 배터리를 넣을 수 있게 된다.

📈 E-GMP의 구조 및 장점

· 긴 주행 거리
· 안정적인 주행 성능 및 승차감
· 빠른 충전 속도 및 편의성

· 넓은 실내 공간 구성 및 혁신적인 디자인 비율
· 뛰어난 승객 보호 및 배터리 안전 성능

전방 다중골격 구조

후륜
5링크 서스펜션

대용량 배터리

← 숏 오버행 → ← 롱 휠베이스 →

출처 : 현대자동차 홈페이지

기본적으로 차량 대부분은 앞에 엔진 룸이 있기 때문에 길쭉하게 튀어나오는 모양으로 설계해야 하는데 E-GMP에서 나오는 차량은 그럴 필요가 없다. 자연히 앞바퀴와 뒷바퀴의 거리를 멀게 하면서 가운데 사람이 탈 수 있는 공간을 크게 만들어줄 수 있다. 앞이 무거운 구조를 택하지 않고 가운데 바닥에 배터리를 장착하면서 무게 중심을 잡아주기 때문에 승차감에서도 이점이 있다.

📊 기존 드라이브 액슬과 E-GMP의 기능 통합형 드라이브 액슬 비교

드라이브 샤프트

휠베어링   별도 연결

기존 드라이브 액슬

기능 통합형 드라이브 액슬
IDA

출처 : 현대자동차 홈페이지

또한 부품 수도 줄어든다. 기존에는 일반적으로 발생하는 동력을 바퀴로 전달하는 구조로 휠 베어링과 드라이브 샤프트를 연결하는 구조였다면, 전용 플랫폼에서는 어차피 기본적인 부품이 모든 전기차에 다 똑같이 들어가므로 일체형으로 만들어 그 부품 수를 줄이고 원가를 낮췄다. 나머지 배터리나 충전에 대한 것은 기존 내연기관 자동차와의 차이가 아니기 때문에 생략하겠다. 사실 얼마나 성능이 좋은 배터리를

공급 받을 수 있느냐가 더 관건이기도 하다.

아이오닉5가 기대만큼 잘 팔릴지, 정말 현대차가 전기차 시장에서 차지하게 될 시장 점유율이 당사 목표처럼 높을 수 있을지는 감히 예측할 수 없다. 하지만 빠르게 성장하고 있는 전기차 시장을 선점하기 위한 준비를 하나씩 해나가고 있기 때문에 분명 유리한 위치를 잡을 수 있다고 보고 나도 기대하고 있다. 앞으로 우리나라 자동차 업체와 그 업체에 부품을 대는 회사들의 성장성을 기대해봐도 좋을 듯하다.

✅ 배터리 시장의 전선에 선 기업들

코로나19 이후 2020년 3월 중순부터 연말까지의 상승 시장에서 배터리 셀 업체들과 2차 전지에 소재를 공급하는 기업들의 주가가 엄청나게 올랐다. 2020년 초와 비교하면 대표적인 배터리 셀 기업인 LG화학이 같은 해 12월 중순까지 170%가 넘게 상승했고, 국내 기업 중 2등인 삼성SDI도 140%가 넘게 올랐다. 소재주는 그 변화가 더욱 심했는데, 양극재를 공급하는 회사인 에코프로비엠이 210%가량, 엘앤에프는 260%, 포스코케미칼은 130%가 넘게 급등했다. 3월에 2주 정도 있었던 시장 급락 시기에 함께 하락한 적도 있지만 금세 급반등했기 때문에 그 충격적이었던 2020년의 기억이 이들에게는 전혀 영향을 주지 않은 것처럼 보이기도 한다.

나는 주변에서 전기차가 앞으로 더 성장할 수 있을지에 대한 질문을 참 많이 받는데, 이번에는 그에 대한 이야기를 해보려고 한다. 전기차용 2차 전지 사업은 현재까지도 무궁무진하게 발전하고 있다. 따라서 언제든지 시장의 다크호스도 새로운 스타 탄생도 가능한 산업이지만, 현재까지 분석한 내용을 담은 이 책이 조금씩 변해 있을 2차 전지 시장을 또 다른 관점에서 예측할 수 있는 도구로 쓰였으면 한다.

2020년 10월 전 세계 전기차 판매량 데이터부터 따져보겠다. 당시 전기차 판매량은 33만 대로 전년 동기 대비 125%가 늘었고, 전월 대비 3%가 늘었다. 매달 오르면서 지속적으로 신기록을 달성 중인 셈이다. 가장 큰 전기차 시장은 당연히 중국으로, 가장 먼저 전기차가 보급되는 중이다. 그다음은 유럽 시장이 뒤따라 급속하게 커지고 있다.

중국은 전기로 된 운송 수단을 참 좋아한다. 내가 몇 년 전 중국 대학을 방문한 적이 있었다. 학생들 대부분이 오토바이를 타고 캠퍼스를 이동하고 있었는데, 신기하게도 거의 전기 오토바이였기 때문에 소리가 나지 않았다. 또 하나 신기했던 것은 그 당시만 해도 우리나라에서 테슬라를 한 번도 본 적이 없고 소문만 들었을 때인데 중국에서는 테슬라가 참 흔하게 보였다는 점이다. 그만큼 중국은 큰 시장이고 일찍부터 전기차가 퍼져 있었다. 유럽은 원래부터 환경에 관심이 많다. 침체기를 지나면서 굉장히 빠른 속도로 유럽 시장이 커지고 있고, 그 혜택을 우리나라 배터리 기업들이 받았다.

이렇듯 10월 전기차 판매량이 125%나 성장하는 동안, 반대로 그 5분의 1인 26%밖에 성장하지 못한 곳이 있다. 바로 미국이다. 미국 자동차 시장의 성격을 알면 왜 미국에서 전기차가 늦게 시작됐는지 알 수 있다. 미국 사람들은 기본적으로 큰 차를 좋아한다. 과거에는 링컨으로 대표되는 대형 세단이 있었고, SUV의 인기가 매우 높은 곳이다. 게다가 워낙 유가가 저렴하기 때문에 딱히 연비를 신경 쓰지 않고 크면서 힘이 센 차량을 좋아하는 성향을 지녔다. 뒤에 짐을 실을 수 있는 거대한 픽업 트럭도 우리나라에서는 볼 일이 거의 없지만 미국에서는 아주 흔한 차량이다.

더불어 미국의 완성차 회사들이 전기차 투자에 매우 소극적이었던 이유가 또 있다. 바로 트럼프 정권을 겪었기 때문이다. 트럼프 전 대통령은 무엇보다 경제를 제자리로 돌려놓는 것에 관심이 많았고, 이를 위해서는 꽤나 수단과 방법을 가리지 않은 편이었다. 환경을 일정 수준 희생하더라도 일단 생산을 하고 기업들이 이익을 가져가기를 바랐다. 자동차 회사들과 관련하여 그 일환으로 나온 정책이 평균 연비 규제를 풀어주는 것이었다. 연비를 좋게 만들기 위해 친환경에 투자하는 일은 나중에 하라고 하니 미국 완성차 기업들의 전기차에 대한 관심이 낮을 수밖에 없었다.

하지만 정권 변화에 대한 불확실성은 지나갔고 이제 미국에는 바이든 정부가 들어섰다. 바이든은 트럼프와 매우 다른 성향으로, 대통령이 되면 트럼프 집권 당시 탈퇴했던 파리기후협약에 복귀하겠다고 했다. 기업들의 평균 연비도 정상으로 돌려놓고, 전기차에도 관심이 많아서 2030년까지 고속도로에 충전소를 50만 개까지 확대하겠다고 한다. 세상이 바뀐다면 자동차 회사들도 이제 전략을 바꿔야 할 것이다.

2020년 10월에는 미국 완성차 기업 중 하나인 제너럴모터스가 전기차 출시 계획안을 발표하기도 했다. 2025년까지 출시하는 전기차 종류를 22종에서 30종까지 늘리고, 2025년 전기차 판매 목표치로 전체 판매량 중 최대 40%까지 늘리겠다는 내용이었다. 과연 제너럴모터스만의 생각일까? 그렇지 않다. 미국을 포함한 전 세계 9대 자동차 제조 업체인 폭스바겐, 토요타, 닛산, 현대, 제너럴모터스, 포드, 혼다, 피아트 크라이슬러, 푸조 등의 시가총액 전부를 합친 것보다 더 커진 테슬라를 보고 있자면 시장이 전기차에 대해 얼마나 큰 멀티플, 즉 기대 가치를 부여하는지 다른 완성차 업체들도 알게 됐을 테니 말이다.

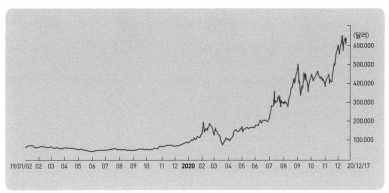

2019~2020년 테슬라 주가 변동 추이

(달러)
600.000
500.000
400.000
300.000
200.000
100.000

19/01/02 02 03 04 05 06 07 08 09 10 11 12 **2020** 02 03 04 05 06 07 08 09 10 11 12 20/12/17

출처 : 유안타증권 HTS

테슬라 연간 판매량은 50만 대가 '목표'인 반면, 포드는 실제로 1,000만 대 가까운 판매량을 차지하는데도 시가총액은 테슬라의 20분의 1도 채 되지 않는다. 재미있는 점은 차트에 보이는 대로 2020년 테슬라가 7배 넘는 주가 상승을 보이기 전부터도 시가총액이 훨씬 높았다는 사실이다. 이런 테슬라의 미래를 비관적으로 보는 곳도 많다. 글로벌 투자은행 JP모건은 어떤 지표로 보더라도 극심한 과대평가라고 한다. 그러나 적어도 전통적인 내연기관 차가 받는 대접과 새로운 모빌리티 주자인 전기차가 받는 대접은 시장에서 판이하게 다르다는 것을 모두 알고 있다. 따라서 전기차로의 전환은 앞으로도 속도를 내게 될 것이다.

위에서 잠깐 말했듯이 지금까지 우리나라 배터리 기업들은 큰 시장에 집중하기 위해 유럽을 주 타겟으로 하고 있다. 중국에서도 성적을 내면 좋겠지만 중국 정부는 신사업에 있어서는 앞뒤 보지 않고 자국 회사를 밀어주는 경향이 있기 때문에 CATL이 중국 전체 사업을 거의 다 가져가다시피 하고 있다. 하지만 앞으로 미국 시장이 열리면 우리 기업들의 공장 증설은 미국을 향하게 될 것이고, 지금 2차 전지 관련 기업의 높은 멀티플도 설명될 수 있다.

제너럴모터스가 말한 대로 만약 2025년에 전기차 판매 비중이 전체 신차에서 40%에 달한다고 해보자. 다른 브랜드들도 많으므로 그 절반인 20%로만 가정해보자.

전 세계 신차 판매 대비 전기차 침투율

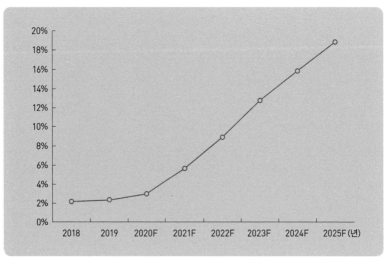

출처 : Marklines
* F는 예상치

현재 전기차의 신차 대비 침투율은 4%가 채 되지 않는다. 2025년에 20%를 예상한다면 그 시장은 5배 정도로 커진다고 볼 수 있다. 이 비율이 30%가 되면 8~9배, 40%가 되면 10배 이상의 시장이 기다리고 있다. 당연히 그 핵심 부품인 배터리 시장도 같이 커지게 된다. 이를 예측한 배터리 관련 기업들은 앞다투어 공장을 늘리고 새로 짓는 중이다.

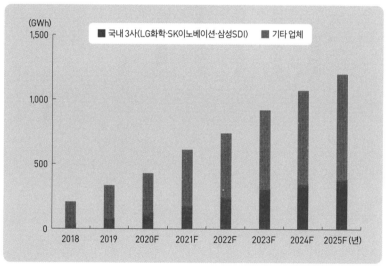

📈 전 세계 배터리 생산 업체 Capa. 현황 및 전망

출처 : Marklines
* F는 예상치

배터리 공장은 1년에 생산 가능한 배터리 용량으로 따지는데, 2020년 기준 500GWh가 되지 않지만 2025년에는 2.5배 수준으로 늘어나 1000GWh를 상회할 전망이다. 공장이 늘어나기만 한다고 좋은 것은

아니기 때문에 배터리 관련 투자를 하는 입장에서는 불안할 수 있다. 과연 저렇게 커지는 공장을 감당할 만한 수요가 있을까?

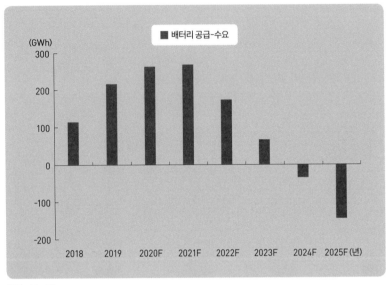

배터리 공급과 수요 전망

출처 : Marklines
* F는 예상치

　배터리 공급에서 수요를 뺀 막대 그래프를 보자. 2023~2024년으로 넘어가며 배터리 수요가 공급을 넘어선다는 것, 즉 그래프가 마이너스 권에 진입하는 것을 확인할 수 있다. 그렇다면 앞서 했던 걱정은 예측치로 볼 때 필요 없는 걱정이고, 오히려 지금도 배터리 생산 공장은 훨씬 더 많이 늘어나야 한다.

이제 어떤 기업에 투자해야 할지 투자 아이디어가 떠올랐을 것이다. 지금까지 배터리 회사에 투자하기 앞서 여러가지 점검을 통해 배터리가 앞으로 더 쓰일 것이라는 확신을 얻었다면, 그 산업의 현재 상황을 생각해본다. 현재 배터리 산업은 빠르게 발전하는 중이다. 기술이 개발되고 품질이 개선되고 배터리 회사들은 어떤 발표를 할 때마다 또 새로운 것을 시도하는 중이라고 한다. 그만큼 아직은 개선하고 발전하는 길목에 있는 산업이기 때문에 우리는 현재 배터리에 부족한 부분이 무엇일지 생각해보면 답을 찾을 수 있다.

첫째, 소비자들은 배터리 한 번 충전으로 차가 더 멀리 가기를 원하고 있다. 즉, 배터리 밀도와 관련된 부분이다.

둘째, 배터리 충전 속도가 좀 더 빨랐으면 좋겠다고 생각한다. 이번에 공개된 현대차그룹의 전기차 전용 플랫폼인 E-GMP의 설명에 따르면 18분 고속 충전으로 80%의 에너지를 채울 수 있다고 한다. 기존 경쟁사들이 20분대 스펙인 데 비하면 20분이라는 범위를 깼다는 측면에서는 훌륭하지만 18분도 역시 긴 시간이다. 차에 주유할 때 20분씩 걸린다고 생각해보자. 이만저만 불편한 것이 아니다.

셋째, 배터리 가격이 저렴했으면 좋겠다고 생각한다. 많이 떨어지고 있지만 여전히 전기차 가격의 3분의 1에 달할 정도로 비싼 편이다. 실제로 전기차 시장이 크게 열리면 배터리의 AS나 교체 비용은 큰 문제가 될 수 있기 때문에 더 저렴한 배터리를 원한다.

넷째, 배터리가 터지지 않기를 바란다. 최근 여러 종류의 자동차에서 배터리 화재 사고나 폭발 사고가 있었다. 안전한 배터리에 대한 요구가 많다.

4가지 사항들 중 대표적으로 하나만 살펴보자. 표준이라고 말하기에는 발전 속도가 너무 빨라서 어색하지만, 어쨌든 현재 많이 사용되는 배터리 중에 NCM811 배터리가 있다. 이 배터리의 양극재 구성 중 니켈(N)이 80%, 코발트(C)가 10%, 망간(M)이 10%를 차지한다. 니켈 비중이 높아질수록 배터리 밀도가 높고 1회 충전 시 자동차 주행 거리가 길어진다. 반면, 코발트는 비싸면서도 가격 변동성이 매우 큰 물질이다. 전세계 60% 이상을 콩고민주공화국이 생산하고 있는데 내전 지역인 데다 전염병이 자주 창궐하면서 생산량이 오락가락한다. 게다가 콩고 광산에서는 아동 노동 착취 문제가 있어 코발트가 '분쟁 광물'로 지정됐고, 테슬라 CEO 일론 머스크도 '코발트 제로'를 선언하기도 했다. 이런 저런 이유로 코발트를 줄이면서 니켈(N) 비율을 90% 이상으로 끌어올리는 연구를 지속적으로 하고 있고, 최근에는 NCM에 'A', 즉 알루미늄을 덧붙이면서 니켈 함량은 90% 이상에 코발트 함량을 5% 이하로 낮춘 양극재가 개발되어 차세대 배터리로 각광 받는 중이다.

빠르게 발전하면서 커지는 산업의 특징은 새로운 것이 개발될 때마다 따라오지 못하거나 생산 능력을 확보하지 못해 도태되는 기업이 생기면서 몇몇 기업들이 독과점하는 시장을 형성한다는 점이다. 우리나라에는 양극재 기술을 갖고 시장의 전선에 선 기업들이 있다. 나는 이런 기업들에 투자하는 것이 맞다고 생각했다. 이 기업들이 바로 이번 챕터 가장 앞에 소개했던 양극재 기업들이다. 2020년 시작 대비 12월까지 에코프로비엠이 210%가량, 엘앤에프는 260%, 포스코케미칼은 130%의 주가 상승을 보였고, 상승세는 여전히 현재 진행형이다. 앞으로 시간이 더 지나면 누구는 남게 되고 누구는 또 뒤처지고, 새로운 스타가 등장해서 시장을 재편할 수도 있겠지만 빠른 성장과 기술 발전이 함께하는 산업에 투자함에 있어 이 책이 꾸준히 대입할 수 있는 스토리가 됐으면 한다.

주린이는 삼성전자 주식을 사라

✅ 매수의 시작은 삼성전자다

엄밀히 말하면 이 책은 어떤 종목들을 추천하기 위해 펴낸 것은 아니다. 하지만 삼성전자는 주식투자를 시작한 지 오래되지 않은 사람이라면 반드시 보유하고 있어야 하는 종목이다. 그 이유로 몇 가지를 들어보겠다.

먼저, 삼성전자는 우리나라 시가총액에서 차지하는 비중이 가장크다.

우리나라 코스피 전체에 상장돼 있는 종목은 900여 개에 달한다.

그 회사들의 전체 시가총액을 더한 것의 4분의 1 이상이 삼성전자라고 생각하면 된다. 대략 25~30% 정도가 삼성전자 비중이라는 이야기는 삼성전자가 1% 오를 때 다른 모든 종목이 가만히 있어도 코스피는 0.25%~0.3% 정도 상승한다는 뜻이다. 반대로 삼성전자가 10% 하락하면 코스피지수는 2.5~3% 정도 하락한다고 보면 된다.

기관과 외국인 매수의 시작은 삼성전자다.

근래에 소위 '동학개미운동'이 생겨서 개인투자자들이 매수에 나서느냐 아니냐에 대한 관심이 많고, 예탁금이 50조인지 60조인지가 주목된다. 그럼에도 비교할 수 없을 정도로 훨씬 더 큰 자금을 갖고 있는 쪽은 기관과 외국인들이고, 그들의 움직임에 따라 시장이 움직인다.

지금 이 책을 읽는 독자들도 주식투자를 하리라고 생각되는데, 주식을 사고 나면 꼭 보게 되는 것이 있다. 투자를 시작하기 전에 보면 더 좋겠지만, 어쨌든 그것은 바로 해당 종목에 대한 기관과 외국인의 수급이다. 그들의 수급을 보는 이유는 물론 그들이 시장을 이끌어가는 주체이기 때문인 것도 있지만, 그들의 자금이 큰 만큼 매수나 매도를 결정하고 나면 추세를 형성하고 매수에 장기간 나서는 경우가 많기 때문이다. 따라서 본인이 갖고 있는 종목에 그들이 찾아오는 것만큼 반가운 것은 또 없다.

그런 기관과 외국인은 펀드 형태로 자금을 운용하는 경우가 많다. 대부분 인덱스펀드, 즉 패시브형 펀드 성격을 띠기 때문에 지수를 추종하게 된다. 삼성전자가 코스피가 차지하는 비중이 워낙 크기 때문에 지수를 추종하기 위해 가장 먼저 매수에 나서야 하는 종목이 삼성전자다. 절대 삼성전자를 빼놓고 포트폴리오를 구성할 수는 없다.

단순하게 생각해서 기관과 외국인이 매수를 한다면? 삼성전자가 그 안에 포함돼 있다고 봐도 좋다. 그러면 주린이도 기관과 외국인의 움직임에 대해 관심이 생기고 공부하게 될 테니 삼성전자를 꼭 매수하라는 뜻이다.

시작부터 잡주에 길들여지면 시장이 돌아가는 흐름에 관심이 떨어지기 마련이다. 아침부터 주식 차트의 분봉을 띄워놓고 1분봉이 좋니, 3분봉이 좋니, 아니면 17분봉이 좋은지 고민하는 사람들이 있다. 세력이 들어왔네, 개미들 다 죽이네 하며 보이지 않는 적과 새도우 복싱을 하는 사람과, 전 세계 증시의 움직임과 자금의 흐름 그리고 환율 변화에 민감한 투자자의 실력은 이루 말할 수 없을 정도로 벌어질 것이라고 확신한다.

시장의 움직임을 모르는 사람들이 꼭 하는 말이 있다. "시장과 내 종목은 별개다." 그런 사람도 밤에 미국 증시가 떨어지면 잠이 오지 않는다고 불평불만이지만 아는 것이 없으니 발만 동동 구를 뿐이다. 마찬가지로 처음 주식투자를 할 때 삼성전자로 시작한 사람과 그렇지 않은 사람의 차이는 매우 크다.

✅ 모든 시장과 연결되는 유일한 종목

삼성전자에 투자하면 주식 기초를 배울 수 있다.

애플의 시가총액은 약 2조 달러, 우리 돈으로 2,000조 원 정도가 된다. 그리고 삼성전자는 약 500조 원이다. 한 마디로, 애플이라는 회사의 사이즈를 삼성전자의 4배 정도로 시장에서 쳐준다는 뜻이다.

하지만 벌어들이는 돈을 생각해보면 애플은 2019년 639억 달러, 2020년 663억 달러로 약 70조 원이 넘는 영업이익을 냈고 올해 1월에 새로 나온 2021년 1분기 영업이익은 서프라이즈를 기록하며 한 분기 만에 335억 달러, 우리 돈으로 약 36조 원의 영업이익을 냈다. 미국은 회계 연도 기준이 우리나라와 달라서 2020년 10월부터 2021년 회계 연도 1분기가 시작된다. 한편 삼성전자는 2019년에 27조 7,000억 원을 벌어들였고, 2020년은 약 36조 원 정도의 영업이익을 냈다.

이번 1분기 애플이 엄청난 서프라이즈를 터뜨린 영업이익을 제외하면 둘 사이의 최근 영업이익 차이는 삼성전자가 애플의 대략 절반 정도 된다. 그리고 삼성전자가 연 60조 원 가까운 최고 실적을 냈을 때와 비교하면 애플이 삼성전자에 비해 4배나 비싼 회사라고 말하기에는 무리가 있다. 삼성전자가 본래 가치보다 저렴하게 평가 받는 것일 수도 있고, 애플이 지나치게 비싼 취급을 받는 것일 수도 있다. 미국 시장과 우리나라 시장에서 움직이는 자금 크기에는 차이가 있기 때문에 그렇다고 볼 수도 있다. 혹자는 어디 삼성이 애플에 감히……라고 할지도 모르지만 생각보다 삼성전자는 전 세계적으로도 대단한 기업으로 평가 받는다. 반도체 시장에서 가장 큰 부분을 차지하는 메모리칩 세계 1위 기업이고, 전 세계에서 가장 시장 점유율이 높은 스마트폰 회사 역시 삼성전자다. 상대적으로 삼성전자는 싼 것은 분명하다. 왜 우리나라 증시가 저평가를 받는지에 대한 대답은 이후 4장에서 소개하겠다.

주식투자를 처음 하는 주린이가 삼성전자로 시작한다면 세계 최고 기업들 간 점유율 싸움과 이익을 얼마만큼 내느냐에 따른 주가 변동성을 함께 공부할 수 있다. 자신의 돈이 들어갔는데도 공부를 게을리 하는 사람은 별로 없다.

마지막으로, 첨단 산업을 배울 수 있다.

삼성전자를 갖고 있으면 반도체 업황의 흐름을 따라갈 수 있게 되는데 지금이 딱 좋은 시기라는 생각이 든다. 물론 그 전부터 인터넷과 통신의 홍수는 이미 진행 중이지만 중국이 제조업 굴기라고 내세웠던 미래를 이끌 첨단 산업에서 힌트를 얻자면, AI(인공지능), 5G(차세대 인터넷), 자율주행, IoT(사물 인터넷) 등이 모두 반도체를 필요로 하는 사업이다. 그리고 내가 운영하는 유튜브 채널의 플랫폼 역시 엄청난 양의 반도체를 필요로 하는 사업이다.

최첨단 기술로 생각되는 자율주행을 예로 들자면, 자율주행 차들은 5G 통신망에 연결되어 빠르면서도 안정적으로 대량의 정보를 차들끼리, 그리고 서버에 전송하는 것을 기반으로 도로를 주행한다. 그 데이터를 처리하는 것도 반도체 영역이고 전달된 데이터를 저장하는 것 역시 반도체 영역에 속한다.

유튜브, 구글, 페이스북 등 모든 IT 산업은 우리가 접속해서 그 서비스를 원활하게 이용할 수 있도록 하기 위한 서버를 운영한다. 그 서버의 모든 정보 처리 기능과 정보 저장 기능을 담당하는 것 역시 반도체다. 이번 코로나19 사태로 사람들이 집에 틀어박혀 스마트폰만 만지작거리고 있을 때 예상보다 너무 많은 트래픽 때문에 유튜브나 넷플릭스가 다운되는 사태가 발생했던 것도 서버 용량이 부족해서고, 여기에도 반도체가 필수로 들어간다.

지금부터 나나 독자 여러분이 맞이하게 될 혁신이라는 이름의 모든 산업에는 반도체가 포함될 것이다. 반도체에서 가장 큰 시장인 메모리 반도체, 그중에서도 D램 시장의 1위 기업인 삼성전자를 자신의 포트폴리오에 포함하고 있다면 첨단 산업에 대한 관심이 커질 수 있다.

이번 내용에서 주린이라면 삼성전자를 사야 한다고 말했지만, 사실 삼성전자가 주식을 시작하는 모든 사람들의 포트폴리오를 한 번쯤은 거쳐 갔으면 한다. 한 종목을 갖고 있는 것으로 시장을 배울 수 있고 수급 주체들에 관심을 갖게 될 수 있으며, 발전하는 시장 대부분과 연결된 기업은 거의 없기 때문이다.

그러다 손해 보면 어떡하냐고? 삼성전자가 망하면 우리나라가 망한다. 걱정하지 마라. 우리나라 시장 규모가 미국 시장에 비해 턱없이 작은 것은 맞지만 삼성전자는 애플뿐만 아니라 전 세계 최고 기업들의 라이벌이다. 이익을 꾸준히 낸다면 머지않아 그들과 비슷한 시가총액을 보유하게 될 것이라고 생각한다.

04 반도체 시장의 사이클

반도체는 주식을 오랫동안 한 사람들이라면 익숙한 단어지만 실제로 무엇인지 제대로 알기는 쉽지 않다. 대부분 우리가 사용하는 전자기기 내부에 들어 있기 때문에 단순히 많이 쓰이나 보다 할 테지만 생각보다 더 많은 곳에 활용된다.

삼성전자와 SK하이닉스가 코스피 시가총액 1위와 2위를 차지하고 있는 것과 더불어 관련된 많은 종목들이 있다. 우리나라 주식 시장에서 가장 큰 부분을 차지하고 있는 종목이 반도체 관련주인 만큼 이 산업이 언제 호황이 되고 언제 불황인지만 알고 있어도 절반은 시장을 예측한다고 생각해도 된다.

다소 쓸모없을 지식부터 하나만 알고 가자. 반도체는 무엇일까? 한 번 읽고 잊어버려도 사실 상관없지만 그래도 한 번은 알고 갈 문제다. 반도체는 영어로 'Semiconductor'라고 한다. 'semi'가 반도체의 반(半)이고 'conductor'가 도체를 뜻한다. 즉, 도체는 아니고 그렇다고 부도체도 아니지만 어떠한 특별한 조건에서 전기가 통하는 물질로 전류 흐름을 조절하는 데 사용된다.

워낙 많은, 아니 거의 모든 전자 제품에는 반도체가 포함되기 때문에 산업의 핵심 요소라고 볼 수 있다. 이 반도체의 주요 물질이 실리콘이기 때문에 우리는 이런 전자 산업이 모여 있는 미국 캘리포니아의 San Jose 지역을 실리콘 밸리라고 부른다. 그렇다면 이번 챕터에서는 그렇게 중요하다는 반도체, 특히 한국 증시에서는 빼놓을 수 없는 반도체의 산업 사이클에 대해 알아보도록 하자.

투자 목적으로 보는 반도체는 메모리 반도체와 비메모리 반도체 정도로 나눌 수 있다. 메모리 반도체는 정보를 저장하는 용도로 사용되고 비메모리 반도체는 저장 목적이 아니라 정보를 처리하는 목적으로 돼 있다. 종류야 물론 다양하겠지만 대체적인 특성으로 정보를 저장하는 메모리 반도체보다는 비메모리 반도체가 컴퓨터의 중앙 처리 장치 같은 특수한 기능을 제공하기 때문에 더 고도의 회로 설계 기술을 필요로 하고 비교적 복잡한 편이다. 그래서 기능이 단순한 메모리 반도체는 대량 생산을 하는 반면, 비메모리 반도체는 다품종 소량 생산 체제로 공급된다.

메모리 반도체는 램(RAM)과 롬(ROM)으로 구분한다. 램은 정보를 저장하면서도 이를 읽고 수정이 가능한 반면, 롬은 저장된 정보를 읽는 것만 가능하다. 램 중에서 대표적인 것이 S램(SRAM)과 D램(DRAM)이다. S램은 전원이 끊어지지 않는 한 저장돼 있는 정도가 유지되는 특성이, D램은 일정한 시간이 지나면 저장된 정보가 사라지는 특성이 있다.

또한 흔히 낸드(NAND)라고 부르는 낸드플래시(NAND Flash)는 전원이 꺼져도 전원이 없는 상태에서 저장된 데이터를 그대로 저장해두는 메모리를 이야기한다. 우리가 사용하는 PC나 스마트폰 전원을 내린다고 그 안에 저장된 정보가 없어지지는 않는다. 이렇듯 PC나 스마트폰의 주 저장 장치로 활용되는 것이 낸드고, 더 많은 정보를 저장하기 위해 회로의 선 폭을 좁게 만드는 미세 공정 경쟁이 있었다. 하지만 그 미세 공정이라는 것은 결국 한계에 직면할 수밖에 없기 때문에 2차원 평면 형태로 된 반도체의 저장 용량을 늘리기 위해 위로 쌓아 올리는 3차원 낸드플래시가 개발됐다. 이것이 3D 낸드플래시로, 지금은 몇 단으로 쌓을 수 있느냐가 기술의 핵심이 됐다.

✔ 대한민국 증시 꿰뚫는 반도체

자, 지금까지 했던 말은 이제 잊어도 좋다. 중요한 것은 지금부터다. 다시 말하지만 반도체 사이클만 알고 있어도 대한민국 증시 절반은 알고 있다고 생각해도 좋을 정도다. 삼성전자 한 종목만 하더라도 현재 대한민국 부동의 시가총액 1위 업체로서 전체 코스피 시가총액의 30%가량을 차지하고 있고, 삼성전자의 가장 큰 매출 비중은 반도체가 차지하고 있다. 그리고 가끔 새로운 기업들 때문에 입지가 위태위태할 때가 있지만 어쨌든 오랜 시간 2위를 차지하고 있는 SK하이닉스 역시 반도체 기업이다.

주식을 하다보면 어떤 호재 때문에 특정 종목이나 업종 전체 주가가 크게 상승하기도 하고 하락하기도 하는 경우를 볼 수 있다. 2020년만 하더라도 코로나19에 신음하고 있는 동안 마스크가 잘 팔린다고 마스크 관련주가 움직이기도 했고, 백신 개발이 성공할지 모른다는 막연한 기대에 몇몇 종목들은 주가가 휘청이기도 했다. 이런 투자가 결코 잘못됐다는 말은 아니다. 하지만 오랜 시간 주식으로 수익을 추구하는 독자라면 혹시 특수한 이벤트가 벌어지지 않을까 하는 것보다는 "돈을 잘 버는 기업 주가는 올라간다."는 당연한 명제를 받아들이고 투자하면 좋지 않을까 싶다.

예로, 신약 개발 바이오 기업들의 경우 임상 3상에 들어갔다는 정보만으로 많은 사람들이 그 회사의 모든 것이 달라지리라고 생각하지만, 임상 3상에 들어가서 성공을 거두고도 그것이 실제 매출로 이어지는 경우는 절반도 되지 않는다.

하지만 반도체는 기본적으로 대부분 산업에서 쓰이기 때문에 어떤 특정한 이벤트가 발생했다고 주가가 올라가지는 않는다. 대신 워낙 많이 팔리고 항상 쓰이는 물건인 만큼 더 잘 팔릴 때와 덜 팔릴 때가 명확한 편이고, 그에 따라 반도체 가격이 오를 때와 내릴 때의 시기도 분명하다. 많이 쓰이면 가격이 오르고 덜 쓰이면 가격이 떨어지는 현상이 반복된다.

이번에는 최근에 있던 반도체 가격의 움직임을 확인해보자.

📈 D램 가격 전망

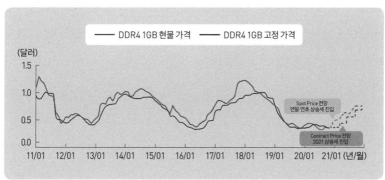

출처 : DRAMeXchange

그래프를 보면 반도체 가격은 2016년에 바닥을 찍고 약 2년 정도 상승 시기를 탄다. 이때 반도체 가격을 높인 주력은 소위 '하이퍼스케일러 (Hyperscaler)'라고 하는 업체들이다. 하이퍼스케일러는 빅데이터 혹은 클라우딩 컴퓨팅 용도로 인프라를 요구하는 기업들을 말한다. 처리해야 할 양이 많은 만큼 당연히 빠른 처리 능력을 요구하고, 많이 처리할 수 있는 네트워크를 구축해야 하기 때문에 엄청나게 많은 반도체를 구매하는 우수 고객이라고 할 수 있다. 보통 구글, 아마존, 페이스북 등의 기업을 생각하면 된다.

이 하이퍼스케일러 기업들이 성장하는 기간 동안 많은 반도체를 구매해갔다. 이때만 해도 얼마만큼의 반도체가 필요한지에 대한 전망도 딱히 없던 때라 경쟁처럼 무분별하게 서버를 확장하는 데 힘을 쏟았고 그만큼 반도체를 쓸어 담았다. 반도체를 생산하는 기업들 입장에서는 "만들기만 하면 다 팔리네?" 싶기도 하고 이 시기가 영원할 것 같다는 생각에 생산을 크게 늘렸었다. 하지만 당연히 그 끝은 있기 마련이다. 2018년에서 2019년으로 넘어가면서 이들 기업의 반도체 주문이 끊기게 된다. 자연히 반도체 가격도 하락세에 접어들었는데, 당시 대표 반도체 기업인 삼성전자와 SK하이닉스의 주가도 서로 크게 다른 움직임을 보이지는 않았다.

2016년에 두 기업 모두 주가가 바닥을 찍고 2년 정도 상승기를 맞이하게 된다. 삼성전자는 164%가량의 주가 상승을, SK하이닉스는 252%의 주가 상승을 경험했다. 삼성전자 주가는 2.5배, SK하이닉스는 3.5배가 된 셈인데, 물론 다른 외부적인 요인도 있었기 때문에 순전히 반도체 가격의 상승이라고 말할 수는 없다.

하지만 2016년 초부터 2017년 말까지 코스피가 저점 대비 40% 정도 상승한 시기임을 감안하면 두 기업의 상승폭은 상당히 큰 축에 속했다. 심지어 두 기업은 우리나라에서 가장 시가총액이 큰 기업들이고, 그 영향이 코스피지수 상승에까지 미친 점을 고려하면 다른 기업들에 비해 압도적인 상승 폭을 보였다는 것을 미루어 짐작할 수 있다.

그렇게 반도체 가격과 함께 두 기업 주가도 고점을 찍고 나서 반도체 가격은 다시 하락한다. 오르내리기를 반복하긴 했지만 삼성전자는 2017년 말부터 2020년까지의 기간 동안 고점 대비 35%가 넘는 주가 하락을 경험했고, SK하이닉스는 40%가 넘는 주가 하락을 맞았다. 그리고 2020년 코로나19 사태가 발생하는데, 이때 주가는 비이성적인 매도세와 함께했기 때문에 논외로 하자.

☑ 언택트와 함께하는 IT 열풍

하지만 코로나19 시대에도 반도체에는 몇 가지 특징적인 변화가 있었다. 먼저 언택트 문화가 도래했다는 것이다. '언택트(un-+contact)'라고 하면 사람들은 주로 집에 머물게 되겠구나, 재택근무를 하겠구나, 학교도 가지 못하니 집에서 공부하는 온라인 교육이 잘 되겠네, 하고 생각한다. 더 나아가자면 대중교통을 이용하기 꺼려하는 사람들이 자동차를 구매하는 수요도 많아질 것이고, 쇼핑하러 나가기를 주저하면서 온라인 구매를 주로 하고, 그래서 택배 수요가 늘어나며 전자 결제 시스템이 활황을 맞이할 수 있겠다고 생각했다. 맞는 말이다. 그런데 택배 시장을 제외하면 이 모든 활성화되는 산업에는 반도체가 필수적으로 들어간다.

　재택근무 바람이 불면서 컴퓨터와 노트북 수요가 늘어났다. 마찬가지로 아이들이 집에서 공부하게 되면서 부모에게 노트북을 사달라고, 또는 화면이 더 크고 품질이 좋은 스마트폰을 사달라고 조르기 시작했다. 당연히 이 IT 기기들에는 반도체가 필수다.

　대중교통의 이용을 꺼리는 사람들로 수요가 많아진 자동차 안에는 요즘 '인포테인먼트(Infotainment)'라고 하는 시스템이 장착돼 있다. 차량용 인포테인먼트란 운전이나 길 안내 등 정보를 전달하기 위한 인포메이션(Information)이라는 단어와 여러 오락거리를 말하는 엔터테인먼트(Entertainment)가 합쳐진 통합 시스템을 이야기하며, 최근에 나오는 자동차 안에는 대부분 장착돼 있다. 내 차에 무슨 엔터테인먼트가 있지? 라는 생각이 든다면 전자식으로 된 오디오, 비디오 등이 모두 IT 기기에 해당하고, 그 안에 역시 반도체가 포함된다.

그래서 사실 코로나19가 시작된 2020년 초반 반도체 주문이 잠깐 늘었다. 그것도 앞서 언급했던 하이퍼스케일러 업체들의 주문이 있었는데, 단적인 예를 하나 들어보겠다. 뉴스 기사를 통해 접한 사람들도 있겠지만 나처럼 유튜브 채널을 운영하는 사람에게는 나름대로 스트레스였던 시기다. 사람들이 집에 있으면서 유튜브를 많이 보니까 구독자가 늘어 좋겠다고 생각하겠지만 생방송을 진행하면 화질이 엉망이 되곤 했다. 전 세계 사람들이 유튜브를 시청하면서 몰려드는 접속자를 감당하지 못하고 유튜브 서버가 오류를 일으킨 것이다. 서버를 확장하려면 시간이 필요했지만 느려지거나 접속 장애가 생기는 상황은 피해야 했으므로 궁여지책으로 화질을 강제로 낮춰서 제공했던 것이다.

그 외에도 OTT 업체의 대표 격인 넷플릭스도 비슷한 상황이었다. OTT 업체란 오버더탑(Over The Top)의 줄임 말로 우리가 SK텔레콤의 BTV, KT의 올레TV, LG유플러스의 유플러스TV를 신청하게 되면 함께 오는 네모난 셋톱박스 없이 인터넷 선만으로 영상을 전달해서 제공하는 업체를 말한다. 그중 가장 큰 업체가 넷플릭스인데 역시나 집에서 나가지 않는 사람들이 심심함을 이기기 위해 넷플릭스로 영화를 보면서 너무 많은 시청자가 동시에 몰리게 됐다.

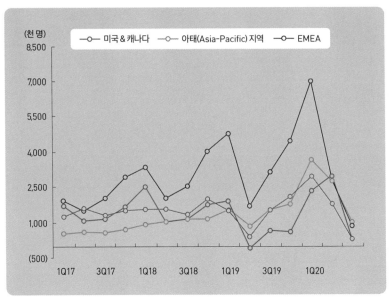

넷플릭스 가입자 추이

(천 명)

미국&캐나다 　 아태(Asia-Pacific) 지역 　 EMEA

출처 : 넷플릭스(Netflix)

* Q는 분기

넷플릭스 가입자가 2020년 1~2분기 걸쳐 상당히 늘었는데 특히 EMEA(Europe, the Middle East and Africa) 지역이 많았다. 해당 지역에서 1분기에만 700만 명 가까운 가입자가 몰렸으니 얼마나 대단했는지, 얼마나 우리가 심심했는지 알 수 있다. 따라서 넷플릭스는 생각보다 너무 많은 트래픽을 감당하지 못하고 유튜브가 한 방법과 마찬가지로 유럽 지역에서 화질을 낮춰 방송을 내보내는 등의 미봉책으로 시간을 벌었다.

그럼 당연히 그 벌어놓은 시간 동안 서버를 증설해서 트래픽을 감당할 준비를 했어야 했고, 그만큼 반도체 주문은 늘어났다. 그럼 이제

돈의 물결

이런 생각이 든다.

'2016년 바닥을 찍었을 때와 마찬가지로 다시 반도체 사이클이 돌아오는 건가?'

하지만 시장이 반등하는 와중에 삼성전자와 SK하이닉스는 미운털 박힌 것처럼 상승 폭이 제한됐고, 우리가 동학개미운동이라고 불렀던 수많은 개인투자자들의 자금이 두 기업으로 몰렸지만 외국인들은 죽어라 매도로 대응했다. 왜 그랬을까?

✅ 미·중 분쟁의 뜻하지 않은 호재

당시 반도체 생산 업체의 가장 큰 고객이라고 하는 하이퍼스케일러 기업들의 주문은 딱 상반기까지만이었기 때문이다. 2016년부터 약 2년 여간 무분별하게 반도체를 쓸어 담으면서 반도체 가격이 올라도 보이는 대로 사고 또 사던 그들이 더 이상 아니었던 것이다. 이제는 필요한 만큼, 쓸 만큼 사서 일정 부분은 재고로 쌓아놓는 현명한 고객이 됐고, 그들의 주문이 끊기자마자 '이제 누가 반도체를 사줄까'에 대한 고민이 시장을 지배했다.

이때 화웨이에 대해 미국의 트럼프 전 대통령이 칼을 빼 들면서 새로운 국면을 맞이하게 됐다. 지금 생각하면 사실 이것이 거의 반도체 생산 기업들의 부활을 앞당긴 방아쇠가 아니었을까 한다. 트럼프 행정부가 화웨이를 제재한 스케줄을 보면 이해할 수 있다.

2019년 5월에 미국은 인텔이나 퀄컴 등 자국 반도체 회사가 화웨이에는 제품을 공급하지 못하도록 차단했다. 화웨이는 스마트폰을 만들어야 했으므로 반도체를 공급하지 않겠다고 하면 큰일 날 줄 알았는데, 정작 화웨이는 자회사인 '하이실리콘'을 통해 반도체를 독자 설계하겠다고 나섰다. 그 반도체 이름은 '기린'이라고 해서, 대만 반도체 파운드리 업체인 TSMC에게 생산을 맡겨 위기를 모면했다.

당연히 가만 보고 있을 트럼프가 아니었다. 2020년 5월 미국은 대만 TSMC, 삼성 등이 중국에서 설계한 반도체를 위탁 생산해주는 것을 차단한다. '기린'의 생산이 막히게 된 것이다. 화웨이가 설계한 것도 안 되고 미국 반도체 회사에서 제품을 사올 수도 없으니, 이제는 미국 이외의 나라에서 반도체 완제품을 사오겠다고 생각하게 된다. 그때 대안으로 떠오른 곳이 대만의 미디어텍이다.

요리조리 빠져나갈 구멍이야 얼마든지 만들어가며 화웨이는 반도체를 어디선가 공수해왔지만 미국은 마지막으로 이 모든 방법을 차단하는 수를 내세웠다. 2020년 8월, 미국은 자국 기술이 들어간 제품이 화웨이로 들어가는 것을 모두 차단해버렸다. 즉 반도체를 만드는 데 들어가는 장비, 테스트하는 장비 등 어떤 것이든 한 번이라도 미국 기술을 스쳤다 싶은 모든 반도체가 화웨이로 들어가는 것을 전부 막은 것이다. 이 책을 마무리하는 2월 말 기준으로도 화웨이는 여전히 상황을 타

개할 방법을 찾지 못해 말라가고 있다.

우리나라도 반도체 장비 중 미국의 어플라이드 머티리얼즈(Applied Materials), 램 리서치(LAM Research), KLA 등을 폭넓게 사용하고 있고, 어플라이드 머티리얼즈는 수원의 삼성 사업장 안에 위치해 있을 정도로 중요한 대표 장비 회사다. 그리고 반도체에 관심 있는 독자라면 한 번쯤은 들어봤을 법한 극자외선(EUV) 장비는 ASML이라고 하는 네덜란드 회사에서 독점적으로 공급한다. ASML은 100% 지분을 갖고 있는 자회사 코나 테크놀로지를 통해 싸이머(Cymer)라고 하는 미국의 극자외선 기술을 갖고 있는 업체를 2012년에 인수하면서 해당 기술을 확보했다. 따라서 미국의 화웨이 제재에 동참할 수밖에 없다.

단순하게 생각해서 아무것도 하지 못하게 꽁꽁 묶어놨다고 보면 된다. 반도체가 없으면 당장 스마트폰을 만들어야 하는 화웨이 입장이 굉장히 난처해질 수 있다. 스마트폰을 만들 때 AP(Application Processor)가 없으면 스마트폰을 생산하는 것 자체가 어려워진다. 화웨이는 2019년까지만 하더라도 전 세계 스마트폰 시장에서 점유율이 20%에 육박할 정도로 영향력이 큰 회사였다. 하지만 2019년 3분기 기준 세계 시장 점유율이 18%였던 것이 2020년 3분기에 14%로 4%p나 줄어든 것을 보면 알 수 있듯이 점점 시간이 갈수록 화웨이의 시장 점유율은 내려갈 것으로 보고 있다.

스마트폰을 사면 대략 2년 정도를 쓴다. 그런데 곧 반도체가 없어서 생산량을 줄여갈 회사의 스마트폰을 무슨 희소성이 있는 귀한 제품이라고 사겠는가. 따라서 화웨이의 빈 자리를 차지하고자 하는 업체들의 경쟁이 시작되고 있다.

여기에서 우리에게는 투자의 기회가 두 개나 생겼다.

하나, 화웨이 입장에서는 언제 미국과 중국의 관계가 다시 개선되고 반도체를 수입할 수 있게 될지 모르니 그 전까지 온 힘을 다해 버티려고 한다는 것이다. 다른 하나는 화웨이의 빈 자리를 선점하기 위해 남은 기업들의 사투가 벌어질 것이라는 점이다.

먼저 화웨이가 미국과 중국의 관계가 개선되기를 기다리기 위해서는 제재를 맞기 바로 전날까지 어떻게든 미리 부품을 최대한 많이 사두면 된다. 궁여지책이 될 수 있겠지만 그것으로 버티면서 스마트폰 시장에서의 경쟁력을 최대한 잃지 않고 싶어 하는 것이다. 이것이 시장에는 러쉬 오더(Rush Order)라는 형태로 나오게 됐고, 제재가 발효되는 9월 15일 전까지 최대한 많은 반도체를 끌어 모았다. 반도체를 생산하는 기업들이 2020년 하반기에 들어 주문을 하는 하이퍼스케일러들이 없어져 수요에 공백이 생긴 틈을 화웨이의 러쉬 오더가 채워준 꼴이 됐다.

코로나19의 충격 이후 서버 D램의 수요가 상반기에 잠깐 있다는 이야기에 2020년 SK하이닉스와 삼성전자 주가는 어느 정도 회복됐지만, 하반기에 수요 공백이 생기며 주가가 오르지 못하고 있던 두 회사는 2020년 8월에 똑같이 하락을 맞았다. 이때 화웨이의 러쉬 오더라는 뜻하지 않은 호재를 만나며 주가 바닥을 형성하고 상승했다.

그리고는 다시 만난 암초가 무엇이었을까? 화웨이의 반도체 매수 물량이 9월 15일을 기점으로 사라지고 나면 누가 사줄까, 하는 것이 반도체 생산 기업들의 숙제가 됐다.

하지만 내가 말했던 두 가지 중 하나가 아직 남았다. 바로 화웨이의 빈자리를 치고 들어오고자 하는 다른 스마트폰 업체들의 추가 생산이다.

기업들은 스마트폰을 팔 때 주문을 받아서 팔지 않는다. 스마트폰을 미리 만들어놓고 고객이 사기를 원한다면 그때 내준다. 시장의 큰 부분을 차지하고 있던 화웨이가 미국이 던진 철퇴를 맞고 시장 점유율을 토해내면서 다른 스마트폰 업체들은 그 자리를 차지하기 위해 더 많은 스마트폰을 만들어놓고자 했다. 물론 많은 스마트폰 부품들이 다 잘 팔리지 않겠어? 하고 의문이 들 수 있다. 사실 맞다. 그래서 MLCC나 다른 스마트폰 부품들도 앞으로 더 많이 팔리게 될 가능성이 높다.

📈 D램 가격 전망

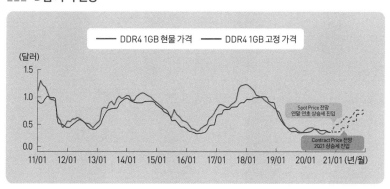

출처 : DRAMeXchange

그럼 이제 아까 본 이 그래프가 이해되리라. 이 모든 일들이 있기 전 D램 가격에 대해서는 2020년 4분기까지 완만한 하락세를 보이다가 2021년 1분기에 하락을 멈추면서 안정세에 돌입하고, 2021년 2분기에는 상승하는 구간으로 돌입해 그 상승 사이클은 약 2년여간 지속될 수 있다고 예상했다.

그리고 반도체 기업들의 주가 흐름은 이런 D램 가격의 상승과 하락에 약 6개월, 2개 분기 정도 앞서서 이루어지는 것이 통상적이기 때문에 2021년 2분기(4~6월)보다 6개월 정도 앞선, 대략 10~12월 사이에 반도체 기업들 주가는 바닥을 찍고 올라갈 것이라는 전망이 가장 우세했었다.

그럼 실적에 대한 전망치는 어떨까?

단순하게 생각해서 더 많은 판매량을 기록하지 않는다고 하더라도 반도체 가격이 올라가면 마진이 많이 남을 것이고 그만큼 매출이 증대되고 영업이익률이 높아지면서 영업이익이 올라가리라고 짐작할 수 있다. 그럼 기존 예상대로라면 2020년 4분기에는 여전히 반도체 가격이 완만하지만 하락하는 구간이니 영업이익이 신통치 않을 수 있었다. 하지만 2021년 1분기에 실적이 바닥을 찍고 턴어라운드 하면서 2021년 2분기에는 이익이 증대되는 구간이라고 생각할 수 있다.

그런데 다소 삭막할 수 있었던 업황은 화웨이가 제재를 맞으면서 버틸 수 있게 됐고, 반도체 가격 전망치도 바뀌고 있다. 화웨이의 러쉬 오

더 이후 중국에서 그 점유율을 차지하고자 하는 스마트폰 업체들 중 대표 격인 3사 OVX(오포, 비보, 샤오미)는 추가 생산을 위해 반도체를 구입하고 있다. 삼성전자는 신제품만한 효과가 어디 있겠냐면서 갤럭시S21의 출시를 앞당겼다. 애플 역시 마케팅을 강화하여 이번 기회에 시장 점유율을 높이려고 하기 때문에 반도체 생산 업체들 입장에서는 크게 아쉬울 것 없는 시간이 흘러가고 있다.

그도 그럴 것이 반도체 생산 업체들의 가장 큰 고객이라고 할 수 있는 하이퍼스케일러 업체들은 2021년 올해 서버 증설과 노후된 설비를 교체하는 수요가 있을 것으로 알려져 있다. 반도체를 쌓아놓고 가격이 더 떨어지기를 버텼지만 곧 그들의 매수세도 들어올 때가 돼가는데 이제 가격 협상을 해야 할 것이 아닌가. 이미 2020년 4분기에 D램 가격은 소폭이지만 반등이 나왔고 안정적인 가격대를 유지하고 있다. 반도체 생산 업체들은 그동안 팔지 못하고 쌓아놨던 재고를 스마트폰 제조 업체들에게 넘기고 있는 중으로, 재고 수준도 상당히 많이 내려왔다. 그럼 서버 D램을 구매하는 고객이었던 하이퍼스케일러 업체들은 이제 가격을 협상함에 있어 갑의 위치에서 을의 위치로 변하고 있다는 사실을 감지할 것이고 얼마 지나지 않아 반도체를 최대한 낮은 가격에 사기 위해 앞다투어 매수에 뛰어들 것이다.

이로써 반도체 가격에 대한 전망이 바뀌었다. 예전의 모습이 2020년 4분기 하락, 2021년 1분기 안정, 2021년 2분기 상승으로 예상됐다면 이제는 2020년 4분기 안정, 2021년 상승으로 한 개 분기씩 앞당겨진 것이다. 따라서 증권사 리서치 센터에서 나오는 실적 전망치도 당연히 앞당겨지게 됐다.

예를 들어 한 증권사의 2020년 기준 예측치는 이랬다.

2021년 1분기	2분기	3분기
8,468억 원	1조 4,934억 원	2조 5,644억 원

*2020년 11월 17일 발간 자료 기준
출처 : 하나금융투자

2021년 1분기	2분기	3분기
1조 134억 원	1조 7,120억 원	2조 8,523억 원

*2020년 12월 7일 발간 자료 기준
출처 : 하나금융투자

내용을 보면 11월 예측에 비해 12월의 예측은 상향 조정됐고, 지금도 그런 추세가 이어지고 있다. 그렇다면 반도체 생산 업체의 주가 상승 시기도 앞당길 수 있게 된다. 반도체 가격 상승을 6개월 정도 앞두고 주가가 바닥을 찍는다고 했으므로 2021년 1분기(1~3월) 사이에 반도체 가격 반등이 나온다면 그 6개월을 선행하여 9월 전에는 반등이 나오는 것이 맞다. 이 말이 나오기 시작한 계기는 12월 1일 마이크론 실적 전망치 상향 조정에 관한 발표였다.

발표의 실적 전망치는 2021년 회계 연도 1분기 기준이었다. 우리나라 기준으로는 2020년 4분기지만 미국 기업들은 시점이 다르다. 발표 내용에 따르면 매출은 이전 해 동기와 거의 비슷한 수준인 50~54억 달러에서 12% 정도 상승하는 57억~57억 5천만 달러로 상향했고, EPS는 32~46센트에서 61~65센트로 큰 폭 상향 조정이 있었다.

지금껏 우리가 길게 이야기해온 이번 챕터 내용을 마이크론 CEO가 한 줄로 요약해서 말했다.

"우리가 크게 기대하지 않던 모바일, 자동차, 산업, PC에서 강한 성적을 냈다."

동종 업계 대표 기업 중 하나인 마이크론의 실적 상향 소식은 곧바로 주가에 반영됐고, 2020년 12월에 진입하자마자 삼성전자와 SK하이닉스는 강력한 주가 상승을 보였다. 그동안 생각해온 기대감이 확인된 순간이기 때문이었을 것이다.

어쩌면 이 시기는 도널드 트럼프라고 하는 조금은 다른 스타일의 대통령이 있었기 때문에 일어난 특이한 상황이라고 할 수 있을지도 모른다. 처음 화웨이를 제재하기 시작했을 때는 이 태도가 과연 끝까지 갈 수 있을까 생각한 사람들도 많았다. 왜냐하면 미국 반도체 기술을 조금이라도 스친 반도체는 화웨이에 판매할 수 없다면 미국 기업들인 어플라이드 머티리얼즈, 램 리서치, KLA 등도 고객을 잃게 되어 반발을 할 수 있었기 때문이다.

하지만 미국인들의 성향을 생각하면 이 제재는 끝까지 갈 수 있겠다고 판단했다. 적어도 내가 알고 있는 미국의 공격적인 정책은 대부분 대의명분이 있다면 제 살을 깎아 먹는 한이 있더라도 국민적인 동의를 이끌어왔고, 큰 반발 없이 진행돼왔다는 것을 고려했다. 이번에도 화웨이 기술이 국가 안보와 정보를 유출하는 일을 막기 위한다는 명분을 앞세워 나온 정책이었다. 미국 시민들의 안전과 직결된다는 의미에서, 그것이 단순히 중국을 때려잡기 위한 핑계일 뿐일지라도 상관없이 제재는 빠른 시일 내에 풀어줄 성격이 아니라고 생각했다.

바닷속 친환경에 투자하라

☑ 황산화물 배출 금지령

    친환경이라고 하면 보통 전기를 생산하는 일을 떠올리기 마련이다. 화력이나 원자력에서 벗어나 풍력, 태양광 등을 활용하여 전기를 생산하겠다는 계획을 많이 들어왔고 실제로도 실행되고 있다. 하지만 나는 친환경을 생각하면 그보다는 바다에 더 눈길이 간다. 물론 언젠가 내 생각이 바뀔 수도 있고, 그럴 만한 훌륭한 기술이 개발되어 청정한 지구가 되기를 바라지만 말이다. 어쨌든 한낱 투자자 입장에서는 어떤 사업을 볼 때 생산성과 지속성이 있는지를 고민하게 된다. 그런 점에서 풍력이나 태양광은 내 기준에 비춰 딱히 큰 매력으로 다가오지 않는다.

건물에 붙이는 태양광이 중국에서 시행 중이라는데, 이런 것들은 그래도 기술이 발전하면 되겠구나 싶다. 하지만 우리나라에서 주로 하는 산업들, 보통 산을 깎아서 태양광 판을 까는 일들은 그다지 실용성이 없어 보인다는 점이 문제다. 그래서 좀 더 실질적인 친환경이라고 생각되는 조선업에 대해 알아보고자 한다.

먼저 IMO는 무엇일까? 국제해사기구를 뜻하는 IMO는 UN의 전문 기구로 선박의 항로, 교통 규칙, 항만 시설 등을 국제적으로 통일하기 위해 설치됐다. 이 기구에서 발표한 규제 정책 IMO 2020과 IMO 2050 두 가지를 살펴보자.

IMO 2020은 2020년 1월 1일부터 선박 연료유의 황 함유량 상한선을 3.5%에서 0.5%로 강화하는 규제다. 3대 대기 오염 물질이며, 전 세계 배출량의 13%가량이 선박에서 비롯되는 황산화물 배출을 줄이자는 것이다. 선박 연료를 저유황유로 바꾸는 해결책이 있긴 하지만, 저유황유는 일반유보다 훨씬 비싸기 때문에 배기가스 정화 장치를 달거나 LNG 추진 장치를 달아야 한다. LNG 추진선은 황산화물 배출량을 92% 줄일 수 있기 때문에 로테르담 항구에서는 LNG 선박 연료 판매량이 2019년보다 2020년 3분기까지만 해도 2배 이상 늘어났다. 이미 LNG를 연료로 사용하는 움직임은 시작됐다.

IMO 2050은 2008년 대비 개별 선박의 이산화탄소 배출량을 2030년까지 40%로 줄이고 2050년까지는 70% 줄여야 한다는 내용을 담고 있다. 그런데 선박은 1~2년 쓰고 마는 물건도 아니고 평균적인 수명이 30년 가까이 된다. 이미 2020년을 넘어선 지금부터 2050에 대한 대비도 해야 한다. 역시 선박들은 LNG를 연료로 사용할 때가 가까워지고 있는 것이다.

액화 천연가스, 즉 LNG를 꼭 연료로 사용하지 않아도 되는 방법도 물론 있다. 바로 일종의 배기가스 정화 장치인 스크러버를 설치하는 것이다. 스크러버는 황산화물 저감 장치로 저유황유를 사용하지 않고 황 함유량을 낮출 수 있다. 스크러버 종류에는 크게 개방형과 폐쇄형이 있다. 개방형 스크러버는 황을 함유한 배기가스를 물로 세정한 뒤 그대로 선박 밖으로 배출하는 시스템이고, 폐쇄형 스크러버는 황산을 중화하여 저장했다가 재사용하는 시스템이다.

이 설명만으로도 개방형 스크러버는 별로 환경에 도움이 될 것 같지 않은데, 실제로 국가들 대부분이 점차 입항을 금지하고 있다. 개방형이 비교적 저렴하기 때문에 전 세계 스크러버 설치 시장의 80%가 개방형이지만, 현재 18개국 주요 27개 항구에서 개방형 스크러버를 설치한 선박의 입항을 금지하고 있다. 얼마 전까지만 해도 스크러버 설치는 획기적인 기술로 평가 받았지만, 이제는 개방형뿐만 아니라 모든 종류의 스크러버 설치 선박은 입항을 금지하는 추세다. 즉, 저유황유를 무조건 쓰라는 이야기가 된다.

그런데 저유황유를 쓰면 문제가 하나 생긴다. 기존에 사용되던 황 함유량 3.5%의 고유황 연료유(HSFO, High Sulfur Fuel Oil) 대신 저유황유 (VLSFO, Very Low Sulfur Fuel Oil)를 사용하면 선박 엔진이 손상되고 작동이 멈추는 사고가 생길 수 있다는 점이다. 저유황 연료유는 고유황 연료유에 비해 점도도 낮고 윤활성도 떨어지는 데다가 발화점도 낮기 때문에 엔진에 문제를 일으키고, 또 부산물로 발생되는 미립자들이 엔진 내부에 쌓이면서 파이프나 필터를 막아버리는 바람에 기계가 손상될 수 있다는 문제가 있다.

이런 이유로 보험 업계에서는 보험금 청구가 급증하는 상황에 우려를 내비친다. 특이하게도 보험금을 청구하는 선박은 상당히 높은 비율로 중국 선박에서 나타난다. 보험 청구가 늘어난다면 보험료를 인상시키는 요인이 되기 때문에 결국 선박을 운영하는 데에 비용 부담이 커질 수밖에 없다.

따라서 잘나가던 중국 선박을 주문하려는 선주는 줄어들었고, 그 수혜는 고스란히 세계 1위 조선업을 가진 우리나라 몫이 된다. LNG 추진선이 점점 더 필요해지는 지금, 우리나라는 가장 높은 기술력을 가지고 있기 때문에 이런 조선업의 미래에 대한 기대는 꽤 큰 편이다.

✅ LNG의 시대가 열린다

책 초반에 이야기한 것처럼 기업이 돈을 잘 버는 시기에는 간단한 원칙들이 있다. 물건이 갑자기 많이 팔려서 매출이 커지는 경우가 있고, 그 때문에 가격이 올라서 마진이 같이 상승하는 경우도 있다. 우리나라 조선사들 상황이 지금 그렇다.

📈 근 10년간 LNG선 운임 추이

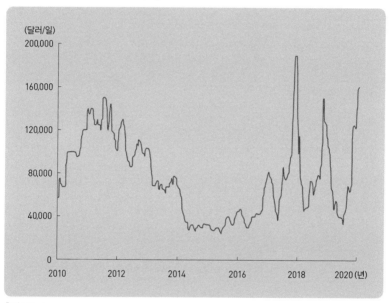

출처 : Clarksons

최근 LNG선의 운임을 보면 꽤나 비싼 편이다. 역사적인 고점에 도달하지는 못했지만 그 지점을 향해서 가고 있을 만큼 운임이 올랐다.

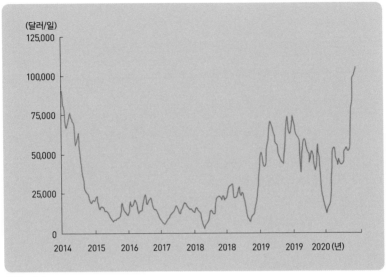

근 5년간 대형 LPG 정기 용선 운임 추이

(달러/일)

출처 : Clarksons

    한편, LPG선의 운임은 이미 역사적 고점을 넘어섰다. 하지만 중고 선박 거래는 현재 늘고 있지 않으며, 오히려 해체 수순으로 가는 중이다. 앞서 말한 환경 규제 때문이다. 환경에 특히 까다로운 유럽 항구에서는 규제를 위반한 중고 선박에 벌금을 부과하고 선박을 압류하거나 선원을 구금하기까지 한다. 돌아다니는 배가 줄어드니 운임이 상승할 수밖에 없다.

    이렇게 운임이 오를 때는 보통 중고 선박 거래가 활발한 편이지만, 점차 중고 선박이 입항할 수 있는 항구가 축소되는 마당에 선주들 입장에서 굳이 투자를 늘릴 이유가 없다. 혹여나 규제가 풀릴 수도 있다면 모르지만, 앞으로 규제는 강화되면 강화되지 완화될 일은 없을 것이다.

이미 2020년 말부터는 신조선 계약 대부분이 LNG나 LPG 추진 사양을 탑재하고 있다. 또한 중고선 퇴출 속도가 빨라질 전망이라면 그 부족분을 채우기 위해서라도 배는 계속 만들어야 한다. 배는 어디 방안에서 뚝딱 만들어지는 것이 아니다. 거대한 도크를 필요로 하는 데다 한 번에 만들 수 있는 배의 대수는 매우 제한적이다. 특히 LNG 및 LPG 추진선 기술을 보유한 한국 조선사들이 선주들에게는 가장 우선시되는 옵션이라면 그 대수는 더욱 제한적일 수밖에 없다.

조선업에 크게 관심이 없던 사람들은 우리 조선사들의 위상이 그 정도라고? 하는 의문이 들 수도 있다. 그렇다면 최근 2018~2019년 LNG선 호황기였던 시절을 생각해보자.

2018년에는 발주된 LNG선 69척 중 58척을 한국 조선사가 수주했고, 2019년에는 47척의 발주 중 44척을 수주했다. 경쟁력에 있어서는 이미 최고의 위상을 차지한 셈이다. 앞으로도 친환경으로 넘어오며 LNG 및 LPG 추진 사양을 탑재한다면 그 쏠림 현상은 더 심화될 것으로 예상된다. 2021년 올해 발주는 약 80척으로 예상하는데, 한국 조선사들은 70~75척을 수주할 수 있을 것으로 전망된다.

물론 위험 요소가 아예 없지는 않다. 원달러 환율이 하락하면서 수출에 불리한 위치에 있고, 원자재 가격이 인상되면서 원가 부담도 있다. 게다가 꿈 같은 수주 이야기를 늘어놓은 것과는 달리, 경기가 어려웠던 2020년에 받아놓은 물량은 어쩔 수 없이 저가 수주로 들어왔기 때문에 그 수익성이 매우 낮다는 점도 우려할 만하다. 오랜 시간 실적을 내지 못한 탓에 재무 구조가 취약한 기업들도 있고 말이다.

어차피 주식은 미래를 보고 투자하는 행위다. 당장의 실적보다 앞으로 수주를 많이, 비싸게 할 수만 있다면 주가는 오를 수 있다. 하지만 그 조선사들 중에 선택을 하기 앞서, 지금까지 짚어본 몇 가지 위험 요소는 꼭 확인하면서 선별하기를 바라는 마음이다.

06 5G 속도 경쟁

✅ 인터넷으로 하나 되는 세계

코로나19 상황이 우리를 가장 변화시킨 부분은 바로 집 밖을 잘 나가지 않게 됐다는 점이다. 요즘 말로 하자면 언택트고, 쉽게 말해 방콕, 집콕 생활을 시작했다는 것이다. 사람들이 집에만 있으려니 심심해져서 TV가 많이 팔리고, 그 TV로 넷플릭스 드라마나 영화를 보느라 OTT 사업자가 대박이 났다는 말도 들린다. 인터넷 게임 이용자가 늘어나서 게임 회사가 유망하다고도 한다.

내가 겪은 가장 큰 변화는 소위 '코인'을 탄 것이다. 집에서 유튜브를 시청하는 사람들이 많아지면서 아무 채널이나 구독자 수가 늘었다는 뜻이다. 내가 운영하는 채널은 구독자 5만 명을 달성하는 데 1년 반이 걸렸다. 그 5만 명이 10만 명이 되는 데 일주일밖에 걸리지 않았으니, '아무 채널'에 내 유튜브 채널도 포함됐나 보다. 감사한 마음이 든다.

다시 본론으로 돌아와서, 우리가 집에서 할 수 있는 일은 이렇게 생각보다 많지만 대신 전부 인터넷 선을 필요로 한다. 요즘은 게임이든 넷플릭스나 유튜브 시청이든 전부 스마트폰을 이용하는 사람이 많기 때문에 무선 인터넷에 대한 수요는 더욱 굉장하다. 그런 이유로 정말 각광받게 된 것이 있다면 더 빠른 인터넷, 바로 5G다.

5G는 우리나라에서 가장 먼저 시작했다. 인터넷 강국의 면모를 뽐내며 2019년에 첫 막을 열었지만, 당시에는 전혀 서비스가 터지지 않는 유명무실한 인터넷 망이었다. 이유야 물론 아직 투자가 제대로 이뤄지지 않아 5G를 사용할 수 있는 지역이 매우 한정적이었기 때문이다. 나는 엄청난 인터넷 속도를 기대하며 5G 스마트폰이 출시되자마자 구매했다. 하지만 채 즐기기도 전에 채팅 앱의 메시지조차 전송되지 않는 것을 보고 스마트폰에서 5G 기능을 꺼버렸다. 이후 코로나19 사태가 발생했고, 인터넷에 접속하는 사람과 그 시간이 늘어나면서 트래픽을 감당하기 위한 5G 투자의 필요성이 대두됐다.

☑ 당신은 무조건 5G를 쓰게 돼 있다

2019년부터 5G가 곧 나온다며 여론에서 워낙 떠든 덕분에 5G 장비 주의 대장 격인 케이엠더블유는 아직 제대로 된 공사도 시작 전인 상태에서 그 해에만 주가가 8배나 상승했다. 이후 조정도 있었고 코로나19도 겹쳐 주가가 반 토막 났지만, 언택트 바람을 타고 다시 역사상 고점을 경신하기도 했다. 또한 본격적인 장비 수주가 시작되면 얼마나 더 가치가 오를지 기대를 받는 중이다.

2020년 5G 네트워크 장비 업체들이 혜택을 볼 배경은 충분했다. 원래 4G LTE를 쓰던 사람들의 평균적인 트래픽 수준은 월 10GB 정도였다. 그중 인터넷을 좀 쓴다 싶은 사람들은 5G가 나오자마자 그쪽으로 옮겨갔기 때문에 4G 트래픽은 좀 줄어들 것으로 예상했었다. 하지만 곧장 코로나19에 따른 언택트 문화가 사회 전반에 이식되면서, 소위 헤비(Heavy) 유저들이 4G 네트워크에서 이탈했는데도 트래픽은 10GB를 유지했다.

한편 5G로 옮겨간 유저들의 평균 트래픽은 30GB에 가까웠으니 통신사 입장에서는 빨리 투자해서 네트워크를 확장할 필요가 있었다. 새로운 인터넷 망이 나올 때는 기존 고객이 다른 통신사로 이동하는 사태를 막기 위해서라도 좋은 품질의 인터넷을 제공해야 한다. 망이 깔리는 속도는 통신사가 필요로 하는지 아닌지에 의할 수밖에 없다.

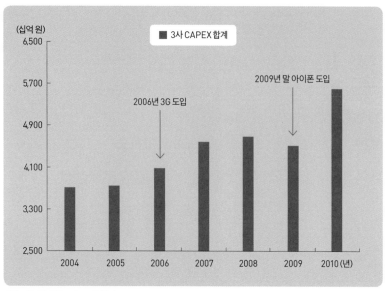

국내 통신사 3사(SK텔레콤·KT·LG유플러스) CAPEX 합산 추이

(십억 원)

■ 3사 CAPEX 합계

2009년 말 아이폰 도입

2006년 3G 도입

출처 : SK텔레콤, KT, LG유플러스

3G 네트워크가 도입됐던 때는 2006년이지만 우리나라는 2010년에야 급격하게 투자를 늘렸다. 2009년 말에 아이폰이 국내 도입되면서 수많은 고객이 스마트폰 기종을 교체했기 때문에 3G를 확장해서 아이폰 고객을 잡기 위함이었다. 이렇게 통신사가 필요로 하면 부리나케 진행됐듯 지금도 집 안에 박혀 인터넷으로만 시간을 보내고 있을 고객들을 위해 5G 네트워크를 깔 필요가 있게 된 것이다.

3G 때와 다르게 이번에는 우리나라가 먼저 시작한 것뿐이고, 결국 미국·유럽·일본·중국 모두 5G 회선을 늘리기 시작할 테다. 특히 2020년에는 이 네트워크 장비 업체들에 희소식이 있었다. 바로 중국 화웨이

가 미국 제재를 받기 시작하면서 다른 많은 국가들로부터 퇴출당했다는 내용이었다.

뿐만 아니라 스마트폰 분야에서도 화웨이가 반도체를 구하지 못해 퇴출되면서 그 점유율을 차지하기 위해 애플이나 삼성전자가 노력하고 있다는 소식을 들어본 적 있을 것이다. 하지만 통신 장비는 스마트폰 시장과 좀 다르다. 스마트폰부터 생각해보면, 화웨이는 대부분 중국에서 제품을 판매해왔기 때문에 이런 상황에서 가장 혜택을 받을 수 있는 기업은 중국 내 경쟁자인 OVX, 즉 오포·비보·샤오미 등이 된다.

한편 통신 장비 분야에서 화웨이의 위치는 꽤나 글로벌하다. 기술력 자체도 좋고 초기 설치 비용도 저렴하기 때문에 널리 쓰이곤 했다. 2019년까지만 해도 통신 장비 점유율은 화웨이 26%, 에릭슨 23%, 삼성전자 23%, 노키아 16%로 4개 회사가 차지하고 있었는데, 화웨이가 퇴출되면서 3개 회사가 점유율을 나눠 갖게 됐다. 자연히 그들과 거래하는 우리나라 네트워크 장비주들의 수주 기대도 더욱 커졌다.

다만 주의할 점도 분명히 있다. 항상 주식투자를 할 때 과거에서 배울 부분이 있다고 이 책을 통해 계속해서 말하고 있는데, 이번에도 비슷한 이야기가 될 수 있겠다.

5G 이전 LTE가 도입됐을 때를 한 번 돌이켜보자. LTE는 2011년 7월에 SK텔레콤과 LG유플러스가 수도권부터 서비스를 시작해서 점차

전국으로 확대했었다. 그때 당시 혜택을 받았던 장비 기업인 이노와이어리스 주가는 어땠을까?

이노와이어리스는 LTE 상용화에 대한 이야기가 나오기 시작한 2010년에 5,000원 언저리부터 시작하여 수도권에서 서비스를 시작한 6개월 이후 30,000원까지 약 6배의 주가 상승을 기록했다. 하지만 점차 하락해서 고점 대비 3분의 1 토막인 10,000원까지 내려앉았다. 즉, 실제 서비스가 시작된 이후에는 그 생존력이 딱히 강하지 못했다는 뜻이다.

반면에 가장 먼저 서비스를 시작한 LG유플러스는 2011년 8월 서비스가 시작된 한 달 후 주가가 4,000원 부근에서 저점을 형성하고 2년간 상승을 지속해서 14,000원 부근까지 250% 가까운 주가 상승을 기록했다.

언제나 그렇듯이 역사적으로 발생한 일이 이후에도 항상 똑같이 발생하지는 않지만 참고하면 분명히 도움이 된다. 당장 보면 네트워크 장비 기업들의 주가는 하루에 10% 이상씩 급등하면서 그야말로 멋진 모습을 보여줄 때도 있다. "역시 5G는 장비주지!"라고 할 법하지만, 조금만 곰곰이 생각해보면 아주 당연한 현상이다.

그 이유는 이렇다. 새로운 망을 깔고자 할 때 처음에는 그 시스템을 구축하기 위해 통신사가 많은 비용을 쓰게 된다. 그리고 장비 기업들은 이를 통해 수익을 챙긴다. 하지만 초반을 지나 어느 정도 통신망이 자리를 잡게 되면 유지 보수 비용을 제외하고는 새로운 망을 깔기 위한 투자는 급격히 줄어든다. 따라서 많은 비용이 드는 초반에는 통신 기업들의 이익이 없고 장비 기업이 많은 이익을 얻기 마련이지만, 상황은 곧 역전된다.

요즘 3G 쓰는 사람이 주변에 얼마나 있을까? 농사를 위해 씨를 뿌리듯 이전에 3G를 쓰던 사람도 결국은 LTE로 넘어간다. 마찬가지로 가입자들은 4G에서 5G로 이동하게 돼 있다. 이렇게 '차세대 통신망' 가입자가 늘어나고 비싼 월 사용료를 부담하게 되면서 자연히 ARPU(Average Revenue Per User), 즉 고객당 이익이 증가한다. 이것은 통신사 수익으로 잡히게 되고 이 사이클이 더 오래 지속될 가능성이 높다.

앞으로 통신주와 장비주 주가가 어떻게 될지 나도 궁금하다. 이 책이 출간될 쯤이면 슬슬 둘 사이에서 주인공이 바뀌어갈 시기가 돼 있지 않을까? 예상이 맞았다면 내 유튜브 채널을 구독하시라. 잘했으니까! 만약 틀렸다면? 그래도 구독! 유튜브에 AS 영상을 올려보겠다.

07 만약 한한령이 해제된다면

☑ 한류가 무너지다

2016년 7월, 한국에 사드(THAAD) 배치가 확정된 후 중국은 보복 조치의 일환으로 한한령(한류 제한령)을 내렸다. 중국 내에서 한국 관련 상품 판매를 금지하는 내용이다. 전체 상품이라고 할 수는 없지만 소위 '한류'라고 일컬어지며 중국에서 돌풍을 일으켰던 산업들이 한한령과 함께 무너져버렸다.

물론 중국 정부에서는 공식적으로 인정하지 않고, 우리나라에서도 중국에 우호적인 사람들은 "그런 건 없다. 오해다."라고 말하곤 한다. 그렇다면 한 일화를 소개해보겠다.

돈의 물결

한한령이 있기 직전 중국에서 잘되던 사업은 뭐가 있을까? 주식 시장에서는 엔터테인먼트 관련, 여행 관련 주식들이 인기를 끌고 있었고 나 역시 그 당시에는 그쪽에 투자하자고 외치곤 했다. 그러다 한한령이라는 말이 돌기 시작하면서 투자를 접어야 하나 싶은 생각을 하게 됐고, 아는 엔터테인먼트 관계자에게 개별적으로 문의를 해봤다. 돌아오는 말로는 현재 중국에서 활동하는 연예인 중 한국 사람인 것을 모르는 C급 정도를 제외하고는 모든 사업이 취소됐다는 것이었다. 계약금도 그냥 가지라면서 드라마, 예능, 광고 할 것 없이 무산됐다는 내용이었다. 그 말을 듣고 나 역시 중국에 대한 모든 투자를 거뒀고 당분간 추이를 지켜봐야겠다고 생각했다.

📈 2016년 당시 에스엠 주가 추이

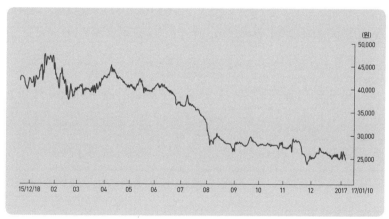

출처 : 유안타증권 HTS

당시 대표적인 엔터테인먼트주였던 에스엠은 2016년 7월 이후 연말까지 30%가량 주가가 하락했다.

마찬가지로 공항 면세점부터 시내 면세점까지 중국인 관광객들에게 크게 의존하고 있던 호텔신라 역시 같은 시기 30% 가까운 주가 하락을 맞았다. 이들 하락세가 더욱 뼈아팠던 이유는, 정작 우리나라 전체 코스피지수가 상승 중이었기 때문이다.

큰 폭은 아니지만 우리나라 증시는 2016년 중반 이후 2,000포인트를 돌파하며 안정적인 흐름이었다. 그 와중에 중국의 소비에 기대하고 있던, 소위 중국 소비주 하락이 눈에 띄었던 시기다. 중국은 대놓고 한한령이라고 하지는 않았지만 중국에서 활동 중인 우리나라 연예인들을 막았고, 한국 문화 콘텐트가 방영되지 못하도록 했으며, 심지어 중국인이 한국으로 여행하는 것까지 제한했다.

그렇게 몇 년을 꽁꽁 묶어두던 중국이 2020년 들어서 조금씩 빗장을 푸는 듯한 행동을 하기 시작했다. 예전에는 명동에 가면 단체로 여행 온 중국인들이 빼곡하지 않았던가. 이런 패키지 여행을 계속 막고 있던 중국에서 2020년 7월 자국 온라인 여행사 씨트립과 한국관광공사가 공동으로 한국 관광 상품을 판매하겠다고 했다.

물론 중국 정책은 손바닥 뒤집듯 바뀌는 경우가 상당해서 항상 주의해야 한다. 하지만 언젠가는 풀릴 것이고, 그러다 다시 규제하고, 또

풀리는 일이 반복될 수 있는 섹터라고 생각한다. 심지어 시진핑이 우리나라에 방문할 수도 있다는 소식만 들려도 들썩거리는 섹터들이 아닌가.

✅ 중국의 변덕에 대비할 업종들

그렇다면 그중 비슷하면서도 다른 엔터테인먼트 업종과 콘텐트 업종들을 비교해보자. 엔터테인먼트 업종이라고 하면 우리나라 기업 중에는 연예 기획사로 불리는 것들이 포함될 것이고, 콘텐트 업종은 드라마나 영화, 예능 등 제작사와 방송사가 있겠다. 둘 다 중국이라는 거대한 시장에서 좋은 성적을 거둘 수 있는 잠재력이 있는 업종이기 때문에 항상 기대와 실망을 번복해오고 있다. 결론적으로 말하자면 중국의 한한령이 풀린다고 가정할 때 두 업종 모두 상당히 긍정적이다. 대신 그 속도와 범위는 차이가 있을 수 있다.

엔터테인먼트 회사들이 중국에서 돈을 벌어오는 수단에는 콘서트와 행사가 있다. 지금은 당연히 모두 금지돼 있다. 코로나19 시국이라는 것을 빼더라도 콘텐트 회사들이 만들어내는 드라마, 예능, 영화 모두 중국에서 방영 또는 상영이 금지되는 중이다. 이들에 대한 규제가 없어진다면 어떨까?

한한령이 해제되면 이 회사들이 당장 시작할 수 있는 일은 중국에서 소속 가수들의 콘서트와 행사를 진행하는 것이다. 콘텐트도 만들어 중국에서 판매할 수 있다. 가끔 중국인들이 우리나라를 얼마나 싫어하는지에 대한 혐한 기사가 나오기도 한다. 그러나 콘서트를 못하고 정식으로 드라마가 방영되기 어려울 뿐이지, 우리나라 음악과 드라마부터 엔터테인먼트와 콘텐트 사업까지 관심이 상당히 높은 편이다.

여기에서 이야기하고자 하는 부분은 콘텐트 사업이 엔터 사업보다 상대적으로 그 수혜가 더 크고 빠를 수 있다는 것이다. 그 이유는 드라마와 공연에서 오는 차이 때문이다. 드라마는 단순 전파라서 중국 국가광파전시총국의 승인을 받기만 하면 바로 방영이 가능하다. 하지만 공연은 지역 정부 승인과 공안의 승인까지 받아야 하는 등 절차가 드라마에 비해 길고 까다롭다. 게다가 아직 언제 끝날지 모르는 코로나19 시국 때문에도 우리나라 사람들이 중국에 가서 공연을 하기 어려운 실정이다.

또 다른 차이도 있다. 공연은 2016년부터 지금까지 4년 동안 제약이 있었다고 하더라도 한 번 할 공연을 여러 번 하지는 않는다. 보통 소비에 휘발성이 있다고 표현한다. 예를 들어 우리가 매일 가던 대중목욕탕을 일주일간 가지 않았다고 해서 갑자기 연달아 7번 가지는 않는 것과 같다. 한 마디로 공연은 시간적으로 지나간 매출은 돌아오지 않는 산업인 셈이다.

하지만 드라마는 다르다. 그동안 한한령 때문에 중국에서 방영되지 못했더라도 인기가 있던 드라마는 지금이라도 팔릴 수 있다. 시간이 지나서 가격이 좀 떨어진들 묶어서 팔면 어쨌든 팔리기는 한다는 차이가 있다. 이미 동남아시아권에서 나타나고 있는 한국 콘텐트에 대한 수요는 증명됐기 때문에 중국에 진출하기를 원하는 OTT 업체들은 구매를 서두르려고 할 것이다.

최근 2021년 초에는 디즈니가 시작한 OTT 사업인 '디즈니플러스'가 한국 진출을 확정했다. 이렇듯 수많은 OTT 업체들이 한국을 비롯한 아시아권에 진출하고 있는데, 그중 '아이치이(iQIYI)'라는 중국 업체는 2020년에만 한국 드라마와 영화 등을 50편이나 구매했다. 올해 방영 예정인 대작 드라마 <지리산>에 대해서도 한국과 중국 방영권을 제외한 글로벌 판권을 샀고, 덕분에 제작사 에이스토리 주가는 3배 이상 뛰었다.

중국에서 방영하지도 못하는 판권을 사간 이유는 우리나라 드라마가 동남아 등지에서 굉장한 인기를 끌고 있기 때문이다. 만약 중국에서 방영이 가능했다면 그 계약 비용은 더 높아졌을 것이다.

정리하자면, 엔터테인먼트와 콘텐트 사업 모두 한한령이 해제됐을 때 큰 수혜가 기대되는 Top Pick 업종들이다. 다만 그 속도와 범위에서 차이가 있을 수 있으므로 염두에 두고 잘 지켜보기를 바란다.

08 카카오와 네이버의 미래

☑ 잘되는 기업은 결국 비슷하게 흘러간다

이번 장 마지막 챕터는 인터넷 세상 왕국을 건설 중인 2개의 국내 기업 카카오와 네이버에 대한 이야기로 정리하고자 한다. 이미 지난 2020년 5월 24일에 유튜브 채널을 통해 한 차례 언급했던 내용이지만, 이후 다시 비슷한 상황이 연출됐기 때문에 이전 이야기를 돌이켜보고 미래에 대해서도 생각해보면 좋겠다.

두 기업을 말하기 앞서 전제로 해야 할 것은, 세상은 각 나라마다 특징이 있지만 나름대로 꽤 비슷하게 흘러간다는 사실이다. 미국에서 발전한 산업은 결국 선진국으로 퍼지고, 뒤따라 신흥국까지 이어지는 경우가 많다. 시간 차이만 있을 뿐이다. 그렇다면 전 세계에서 가장 시가 총액이 큰 회사를 살펴보자.

현재를 기준으로 1위인 애플부터 아람코, 마이크로소프트, 아마존, 구글, 페이스북, 텐센트, 알리바바, 테슬라, 버크셔 해서웨이까지 있다. 2020년 중반만 하더라도 아람코가 애플보다 시가총액이 높았는데 둘 순위가 바뀌었다. 어쨌든 전체 중 애플, 마이크로소프트, 아마존, 구글, 페이스북, 텐센트, 알리바바로 구성된 7개 기업은 IT와 관련 있다. 그리고 이런 IT 플랫폼 기업과 가장 비슷한 사업을 하는 우리나라 기업이 바로 카카오와 네이버다.

카카오는 2010년경 카카오톡 메신저를 출시했고, 사람들 사이에서 휴대폰 문자 메시지 사용 빈도가 줄어드는 계기가 됐다. 처음 시작할 때만 해도 카카오톡에 별다른 수익 구조는 없었다. 하지만 점차 기능을 추가했는데, 일례로 메신저 친구에게 선물할 수 있는 쇼핑 기능을 통해 서로 커피 쿠폰이나 생일 케이크 쿠폰을 보낼 수 있게 해서 수수료를 취하는 구조를 만들었다. 언젠가부터는 카카오톡 대화 중에 샵(#) 버튼을 누르면 포털 검색을 할 수 있게 됐고, 비즈보드라는 광고도 끼어들기 시작했다. '카카오뱅크'라는 인터넷 은행, '카카오페이'라는 결제 시스템도 등장했다.

네이버도 비슷한 흐름으로 발전했다. 시작은 카카오와 달리 검색 포털 사이트였지만 네이버 쇼핑 기능을 통해 인터넷 백화점을 만들었고, '라인(LINE)'이라는 메신저와 '네이버페이'는 물론이고 요즘 특히 주목 받는 웹툰의 세계 진출도 진행 중이다.

이들은 대형 IT 기업들 중 어떤 회사와 가장 비슷할까? 전 세계에서 가장 인기 있는 메신저는 페이스북과 중국의 위챗(WeChat)을 들 수 있다. 중국은 인구도 많고 정부에서 구글을 차단하기 때문에 이용 빈도가 높은 것도 있지만, 보통 아시아 쪽은 세계 1등 기업이 진출했다 실패하는 경우가 꽤 많다. 우리나라도 맥도날드가 진출해서 패스트푸드 업계 1위를 차지하지 못하는 유일한 나라다. 개인적으로는 맥도날드를 좋아하지만 실제로 국내에서 가장 많이 팔리는 햄버거는 롯데리아라고 한다.

구글도 마찬가지다. 지금은 성공적으로 진출한 상태지만 2000년 초반만 하더라도 구글이 한 번 진출했다가 네이버를 넘지 못하고 철수한 적도 있다. 내가 대학에 다니던 시절 캠퍼스에서 구글이 플래카드를 흔들며 광고했던 기억이 난다. 당시에는 나도 '무슨 구글이야, 네이버가 있는데.'라며 무시했었다. 한편 라인을 주 메신저로 쓰는 일본은 라인이 일본 기업이라고 생각한다. 그래서 네이버가 마케팅을 할 때 일본 기업인 것처럼 하기도 한다.

이렇듯 우리나라가 배타적인 성격이기 때문인지, 카카오는 중국 텐센트의 사업 구조를 거의 그대로 가져와서 활용하고 있다. 위챗이 바로 텐센트에서 나온 메신저다. 텐센트가 위챗에 '위챗페이'를 붙여 사업을 확장한 일은 우리 기업들과도 참 비슷하다. 그래서인지 우리는 보통 중국이 뒤처졌다고 인식하지만 의외로 위챗페이나 알리페이 같은 결제 시스템을 많이 이용하거나 전기차가 흔하다는 점이 신기하게 느껴진다.

그 사람들이 먼저 사용해보고 편하다고 인식한 것들을 우리가 나중에 한다고 해서 편하지 않을 리가 있을까? 이 사업 구조를 본떠 할 수 있는 사업을 카카오도 생각했으리라. 카카오가 가진 가장 큰 메리트라면 카카오톡의 엄청난 유저 데이터를 꼽을 수 있다. 이 유저들이 카카오 안에서 모든 것을 해결할 수 있도록 만든다면 분명히 편하다고 생각할 것이다. 그래서 우리는 카카오톡이라는 단순한 메신저를 넘어 내비게이션을 쓰고 쇼핑도 하고 금융 관리는 물론 대리운전이나 택시도 부른다. 단기간에 이렇게 카카오가 우리 삶에 녹아들 수 있었던 이유는, 우리가 하루 종일 카카오톡을 사용하기 때문이다. 실제로 2020년 9월 기준 한국인이 카카오톡을 사용하는 시간은 월 평균 12시간으로, 유튜브 앱(29.5시간)의 뒤를 이어 2위다. 한 달에 12시간이라면 하루에 대략 25분 정도는 카카오톡 메신저를 사용한다는 뜻인데, 이는 상당한 수치다.

✅ 우리나라 IT 시대는 이제부터

물론 카카오와 네이버 두 기업의 멀티플은 굉장히 높은 편에 속한다. 그만큼 시장 지배적인 사업자지만 실제로 벌어들이는 이익은 그 기대에 미치지 못했다. 하지만 지난해 5월 카카오 자회사들의 상장과 네이버 웹툰의 자리매김을 통해 느꼈듯이 두 기업은 그동안 씨를 뿌리고 열매가 열리기를 기다리고 있었고, 슬슬 가치를 올릴 준비를 해나가고 있다고 생각한다.

카카오는 2021년 올해 핀테크 회사인 카카오페이와 카카오뱅크의 IPO(Initial Public Offering)를 통해 기업 가치를 올릴 계획이다. 카카오페이는 2020년 3분기 기준으로 대출과 펀드, 보험 같은 금융 서비스의 총 매출액을 전분기 대비 5배까지 키우면서 핀테크 사업을 늘리고 있고 카카오페이 결제 비중을 올리기 위한 공격적인 마케팅 계획도 세우고 있다. 이렇게 테크핀 부문의 가치를 키워 2021년 상장 조건을 맞추려고 할 것이다.

네이버는 웹툰 시장을 해외에 진출시켜 이미 MAU(Monthly Active User), 즉 월간 활성 고객을 6,700만 명이나 보유하고 있다. 최근에는 CJ, 스튜디오드래곤과 지분을 교환하며 웹툰의 IP를 이용한 콘텐트 사업에도 그 범위를 확장시키는 중이다.

이들이 어디까지 성장할 수 있다, 어느 수준까지 주가가 가능하니 얼마에는 매수해야 한다는 식의 이야기가 아니다. 전 세계 트렌드에서 IT 기업들이 시가총액 상위권을 장악한 것을 볼 때 그들의 사업 구조를 비슷하게 따라가고 있는 우리나라 두 기업이 기존 목표를 잘 실행하고 있는지 파악하는 것이 중요하다. 미래를 위해 뿌린 사업의 씨앗이 잘 성장한다면, 그 기대가 틀리지 않았다면 앞으로도 꾸준히 관심을 갖고 응원할 수 있을 것이다.

실패를 줄이기 위해서는
발생한 손실을 참고 기다릴지
손실을 감내하고 다른 종목에 재도전할지
기분에 따라 '고'를 외치는 시장이
아님을 깨달아야 한다.

시장이 불확실할 때도
솟아날 구멍은 있다

4장

급등주로 부자 될 생각은 접어라

✓ 사는 것보다 파는 것이 더 어려운 주식

'베타계수'라 함은 증권 시장 전체의 수익률 변동과 개별 종목의 수익률 변동 간 관계를 나타낸다. 베타가 플러스(+) 쪽으로 크다면 시장 움직임에 민감하게 반응한다는 것을 의미한다. 예를 들어 전체 주가지수가 플러스(+)라면 적어도 해당 종목 역시 플러스(+)인 종목을 거래하라는 말이다.

나 또한 사람들에게 가진 주식을 팔아야 한다고 말할 때가 있다. 그럴 때는 "사는 건 언제든지 하루면 살 수 있으니까 미련 갖지 말고 팔아야 한다."고 반드시 덧붙인다. 주식을 사는 것과 파는 것은 별 차이 없어

돈의 물결

보이지만 곰곰이 생각해보면 하늘과 땅 차이가 날 정도로 사는 것은 쉽고 파는 것은 어렵다. 내 생각은 이렇다. 우리가 주식투자를 하면서 힘들어하는 이유는 손실에 대한 두려움 때문이 아니라, 자신이 놓친 것에 대한 미련 때문이 아닐까?

매수가 쉬운 이유는 혹시나 오를 주식을 머뭇거리다 놓칠까 봐, 나만 두고 주가가 올라버릴까 봐 마음이 급해지기 때문이다. 반대로 매도가 어려운 이유는 내가 기회를 놓치고 있는 것일까 봐, 내가 팔면 주가가 오르곤 했던 일들이 떠오르기 때문이다. 그래서 주식투자할 때는 더 어려운 파는 법, 또 팔지 않는 법을 배우는 일이 중요하다.

이번 챕터의 제목을 이렇게 지은 이유는 실패를 줄이기 위해서다. 의외로 주식은 동물적 감각이 아니라 계산의 아름다움이 지배하는 시장이다. 한 회사의 매출과 영업이익, 그리고 어떠한 업종에 속해 있는지 등을 계산하면 해당 종목의 적정한 주가를 계산할 수 있다. 그 적정 주가보다 싼지 비싼지에 따라 저평가, 고평가 상태라고 말한다. 그중 지나친 저평가라고 판단되는 주식을 매수하고 주가가 오르기를 기다리는 일이 주식투자의 기본이라는 사실은 누구나 알고 있다.

이렇게 기다리는 동안 우리는 해당 기업에 새로운 문제나 위험이 발생하지는 않았는지, 예상한 만큼 돈을 잘 벌고 있는지를 확인하기만 하면 된다. 그러다 주가가 하락한다면 이전에 생각했던 적정 주가가 잘못되지는 않았는지 보자. 잘못된 것이 아니더라도 적정 주가에서 더 멀어지게 하는 요인이 발생한다면 손실을 인정하고 매도할 수 있어야 한다. 그렇다면 베타계수가 큰 종목이랑 무슨 상관이라는 걸까? 만약 점검해보고 아무 일이 없는데 시장 하락에 따라 같이 주가가 떨어졌다면, 시장이 좋아질 때 주가도 같이 상승하기 때문에 불안해할 필요가 없다. 시간을 충분히 주면 이 투자는 실패하지 않는다.

☑ 급등주는 시장을 따르지 않는다

하지만 급등주는 대부분 베타계수가 낮은 편이다. 시장 움직임과 상관없이 흘러간다고 생각하면 쉽다. 요즘은 특히 개인투자자들의 자금이 시장에 많아지면서 급등주가 많이 나왔다. 분위기를 타는 걸까? 유행처럼 주가가 급등하는 경우가 생기면 아주 특별히 저평가를 받고 있던 회사가 아니고서야 대부분 적정 주가와의 차이가 한참 벌어지게 상승한다. 당연히 우리 눈길을 끌 수밖에 없다. 이런 종목에 투자했다가 수익이 나면 다행이지만 하락할 가능성도 반드시 생각해야 한다. 다시 강조하거니와, 파는 것이 훨씬 어렵기 때문이다.

이들 역시 똑같이 점검해볼 필요는 있다. 하지만 공개된 정보가 굉장히 부족한 데다 해당 회사 실적과 비교해서 이미 지나치게 고평가된 경우가 많기 때문에 소위 '언제 떨어져도 이상하지 않은 주식'이 된다. 한 마디로 손해를 보고 있더라도 이 주식을 팔아야 하는지, 혹은 버티면 본전이나마 찾을 수 있을지에 대한 기준이나 근거가 없다. 따라서 손실을 확정하지도, 수익을 실현하지도 못하고 감에 의존하게 된다. 이때 기댈 수 있는 곳이라고는 각종 커뮤니티에서 똑같은 처지인 개인투자자들이 올리는 소설과 근거 없는 소문들뿐이다.

100만 원을 투자해서 10% 손실이 나면 90만 원이 남고,
이후 10% 수익이 나면 99만 원이 된다.

100만 원을 투자해서 10% 수익이 나면 110만 원이 되고,
이후 10% 손실이 나면 역시 99만 원이 된다.

100만 원을 투자해서 50% 손실을 보면 50만 원이 되고,
다시 100만 원으로 만들기 위해서는 100%의 투자 수익률이 필요하다.

즉, 실패를 줄여야 한다.

주식 시장이 항상 오르지는 않기 때문에 꼭 손실을 보는 일이 발생한다. 그때 위의 식처럼 수익이 나는 경우가 손실이 나는 경우와 같다면 가진 자금은 점점 줄어들게 된다. 따라서 수익이 나는 일이 더 빈번하고 수익률도 더 커야 한다.

실패를 줄이기 위해서는, 발생한 손실을 참고 기다릴지 손실을 감

내하고 다른 종목에 재도전할지 기분에 따라 '고'를 외치는 시장이 아님을 깨달아야 한다. 이것이 바로 아무 근거 없이 수급만을 바탕으로 움직이는 비트코인과 기업이라는 실체를 가진 주식 시장의 차이다. 실체가 있기 때문에 좀 더 신경 쓴다면 100%까지는 아니더라도 분명히 실패를 줄일 수 있다.

02 한국 주식은 디스카운트 상태다

✅ 우리나라는 왜 주가가 낮을까?

주식은 회사가 수익을 얼마나 내고 어떤 업종에 종사하는지에 따라 가격이 달라진다. 만약 완전히 똑같은 사업 구조에, 들어오는 이익도 같은 기업이 있다면 회사 주가도 같아야 정상이다. 하지만 평균적으로 우리나라 기업들은 이런 경우 다른 나라 기업들에 비해 주가가 낮다. 시장에서는 이를 '코리아 디스카운트(Korea Discount)'라고 부른다. 이유야 다양하고 사람마다 주장도 다르지만 대표적으로 남북 관계에 따른 지정학적 리스크, 기업 지배 구조의 복잡성, 주주 친화적이지 못한 구조 등이 있다.

남북 관계에서 오는 지정학적 리스크는 간단하다. 우리는 이미 휴전한 상태로 너무 오래 있었고 가끔 북한에서 쏘는 미사일도 이제는 익숙하지만, 외국인이 보기에는 언제 갑자기 전쟁이 일어나도 이상하지 않아 보일 것이다. 참 좋아 보이는 기업이지만 언제 전쟁이 날지도 모르고 가끔은 미사일도 날아다니는 나라라면 막연한 불안감이 있을 수밖에 없다. 이런 분위기가 매수를 주저하게 만들면서 주가 또한 낮게 형성된다.

기업 지배 구조의 복잡성은 우리나라 대기업 문화에서 찾을 수 있다. 우리나라는 급격한 산업화를 이룬 터라 '재벌'이라는 특이한 기업 구조가 있다. 단순히 돈이 많다는 'Rich'의 뜻이 아니다. 우리나라 재벌은 1972년부터 영어로도 'Chaebol'이라는 단어로 사용되고 있다. 그 의미는 위키피디아에 따르면 '소유주 또는 그 가족이 운영하고 관리하는 대기업 형태로, 그들의 법적 권한을 초과하는 소유자가 관리하는 다양한 계열사를 포함한다.'고 한다.

간단한 예를 들어보자. 우리나라 시가총액 1위 기업 삼성전자의 회장이었던 고(故) 이건희 회장이 가진 삼성전자 지분은 4% 정도에 불과했다. 하지만 그는 삼성전자라는 한 개의 기업을 넘어 각 계열사와 그룹 전체를 좌우할 수 있는 힘을 가졌었고, 심지어 그 가족들도 그룹에 대한 거대한 영향력을 갖고 있다. 수많은 계열사가 있기 때문에 각 회사끼리 거미줄처럼 서로의 지분을 소유하는 경우도 많다. 어떤 한 업종의

돈의 물결

회사라고 해도 오로지 해당 업종에만 국한된 것이 아니라, 온갖 업종에 엮여 있기 때문에 정확한 가치를 산출하기 어렵다. 그만큼 불확실하기 때문에 주가에서 할인 요소로 반영된다.

국내 주식이 디스카운트되는 또 하나의 이유로 주주 친화적이지 않은 구조를 들 수 있다. 이번 내용에서 다루고자 하는 주제인 셈이다. 일반적으로 '주주 친화적'이라는 평가는 기업이 사업을 통해 이윤을 남겼을 때 그 이윤을 주주들과 나누는 성향인지, 아니면 기업에 쌓아두는 성향인지에 따라 결정된다. 기업이 연구 개발이나 시설 투자 등을 이유로 주주들과 이익을 나누지 못하는 경우도 있기 때문에 마냥 나쁘다고 볼 수는 없다. 어쨌든 주주 친화적인 성향은 주주들에게 이익을 직접적으로 돌려주려고 한다는 정도로만 파악하면 된다.

주주 친화 정책으로는 자사주 매입, 자사주 소각, 배당 지급 등이 있다.

먼저, 자사주 매입은 회사 입장에서 본인들의 주식을 사들이는 행위를 말한다. 이렇게 사들인 물량은 시장에 유통시키지 않기 때문에 유통 주식 수를 줄이는 효과가 있고, 그만큼 희소성이 커지므로 주가가 상승하는 요인이 된다.

자사주 소각은 말 그대로 자사 주식을 태워 없앤다는 뜻이다. 그렇게 되면 복원할 수 없게 된다. 자사주를 소각한다고 기업 전체 가치가 오르지는 않지만, 발행 주식 수를 줄임으로써 주당 가치를 높일 수 있다. 예를 들어 이익이 100만 원인 회사의 전체 발행 주식이 100주라면 한 주당 이익은 1만 원이다. 이 중 절반을 소각해서 주식이 50주로 감소하게 되면 한 주당 이익은 2만 원으로 가치가 오른다.

마지막으로 배당이란 회사가 이윤을 주주들 소유 지분에 따라 분배하는 행위다. 회사는 기본적으로 사업을 통해 발생한 이익을 주주에게 나누는 것이 원칙이고, 이를 이윤 배당이라고 한다. 배당에도 여러 종류가 있지만 기본적인 현금 배당을 기준으로 이야기하겠다.

바로 이 배당을 적게 주거나 주지 않는 이유는 나중에 더 큰 주가 상승으로 주주들에게 보답하고자 회사에 들어온 이윤을 미래 사업에 투자할 목적으로 전부 사용하기 때문일 가능성이 높다. 너무 아름답게 포장했나? 어쨌든 이익을 주주들과 나누지 않는 기업이라는 것은 똑같다. 투자자와 함께 이윤을 나누는 데 인색한 회사에 투자하고 싶은 사람이 어디 있을까? 하지만 한국 기업은 배당 지급에 꽤나 인색한 편이기 때문에 이 역시 코리아 디스카운트의 이유가 되는 것이다.

당기순이익 중 현금으로 지급된 배당금 총액 비율을 배당 성향이라고 한다. 예를 들어 100만 원을 벌어서 50만 원을 배당금으로 지급했다면 배당 성향은 50%가 된다. 한국 기업들의 배당 성향은 26% 정도로 많이 높아졌지만, 그래도 웬만한 국가와 비교하면 가장 낮은 수준이다. 가장 높은 곳은 60%가 넘고, 대만이나 영국 등도 50%를 상회한다.

배당 성향이 30%가 되지 않는 곳은 거의 찾기도 어려운데, 우리나라나 이웃 나라 중국이 이에 속한다. 2019년 기준으로 전 세계 배당 성향 평균은 41%, 신흥국도 36% 정도로 알려진 것을 보아, 우리나라의 26%라는 비율은 상당히 낮다는 사실을 알 수 있다.

☑ 바닥이 깊을수록 가능성은 크다

그렇다고 '우리나라 기업들은 주주들에게 이윤을 나눠주지 않는 나쁜 기업들이다!'라고 끝낼 수는 없는 노릇이다. 향후 전망을 생각해보자. 어쩌면 그만큼 배당이 적기 때문에 앞으로 더 늘어날 가능성이 높지 않을까? 마침 우리 기업들은 2010년대 초반부터 꾸준히 배당 성향을 높여오고 있다.

우리가 신흥국 평균까지만 맞춰지더라도 단순 계산으로는 26%에서 36%로 10%p가 늘어나는 것이지만 현재 배당금보다 26분의 10만큼, 즉 38%나 더 지급할 수 있다는 뜻이 된다. 100원 지급할 것을 138원 지급한다고 보면 된다.

2021년에는 특히 반도체 업황이 턴어라운드 되는 해라는 전망이 있다. 앞으로 반도체 업종이 우리나라 증권 시장에서 차지할 비중을 감안하면, 평균적인 배당 성향도 올라가고 코리아 디스카운트도 일정 부분 해소될 수 있지 않을까 기대해본다.

워런 버핏은 왜 은행주를
손절했을까?

✅ 상업은행과 투자은행의 차이

2020년 7월경 신문에는 투자 대가로 추앙 받는 버크셔 해서웨이의
CEO 워런 버핏이 은행주를 팔았다는 기사가 올라왔다. 일부 기사 논
리에 따르면 은행주를 팔았으니 향후 금융 위기가 올 수도 있지 않냐는
의문이 제기됐고 투자자들은 당연히 불안에 떨었다.

　그 논리는 이랬다. 코로나19 때문에 기업들이 너무나 어려워졌고,
은행은 신용 리스크에 노출될 수밖에 없다. 돈을 못 갚고 무너지는 기
업들이 생기면 은행도 덩달아 위기에 빠지면서 도미노 현상이 이어진
다. 따라서 은행이 도산할 우려가 있어 워런 버핏이 주식을 팔았다는

것이다.

스토리가 꽤 논리적이기도 하고 금융 위기가 이런 방식으로 오는 경우도 있기 때문에 혼란을 주기에 충분했다. 하지만 기사 내용을 잘 살펴보면 우리나라 '은행'과는 관계없는 내용이었다는 사실을 알 수 있었다. 그렇다면 왜 혼란이 생겼는지, 또 은행은 어떤 시기에 돈을 잘 버는지 생각해보고자 한다.

일단 워런 버핏이 판 주식은 JP모건 등 투자은행 주식이었다. 우리나라에는 투자은행과 상업은행 개념이 따로 없지만 미국은 구별돼 있다.

상업은행(Commercial Bank)는 우리가 흔히 말하는 은행의 역할을 한다. 개인이나 기업을 상대로 예금을 받아 자금으로 활용하여 다른 개인과 기업에 대출해준다. 예금한 곳에 주는 이자를 대출해줌으로써 받은 이자에서 제하고 난 '예대마진', 즉 대출금리에서 예금금리를 뺀 차이로 수익을 내는 은행을 말한다.

투자은행(Investment Bank)는 그야말로 투자를 하는 은행이다. 예금을 받지 않는다는 뜻이다. 투자은행은 자금을 빌리거나 증권을 발행해서 자금을 조달한다. 수익을 내는 방법으로 좁게는 은행이 보유한 자금을 활용하여 직접 투자를 하고, 넓게는 기업이 발행한 주식이나 채권을 인수해서 투자자에게 판매하는 중개 역할을 한다. 또, 기업 인수와 합병을 자문하거나 중개하고 그 수수료를 받기도 한다. 우리나라로 따지면 증권사 IB 부서에서 하는 일과 자산운용사, 투자자문사의 일을 합친 것이다. 대표적으로는 골드만삭스, JP모건 등을 생각하면 된다.

당시 워런 버핏이 매도한 주식은 투자은행 주식이다. 물론 워런 버핏이 팔았다고 무조건 따라 하는 것도 문제지만 그것을 말하고자 하는 것은 아니다. 적어도 워런 버핏이라는 투자의 거장을 믿고 비슷하게 거래하고 싶다면 정확히 아는 것이 중요하다는 뜻이고, 이때 매도한 주식과 우리나라 은행주와는 아무 관계가 없다는 말이다.

☑ 은행은 지금이 기회다

그렇다면 은행주는 언제 돈을 버는지 이번 코로나19 사태를 통해 알아보자. 은행은 기본적으로 예대마진이라고 하는 예금 이자와 대출 이자의 차이가 많이 벌어질수록 좋다. 예금은 은행이 이자를 내줘야 하는 것이고 대출은 이자를 받는 것이므로 받는 것이 많고 주는 것이 적으면 당연히 좋다. 그런데 문제는 코로나19 때문에 온 세상이 전부 유동성 공급에 앞장서겠다고 기준금리를 서둘러 내려버렸다.

기준금리를 내리면 처음에는 은행이 좋다. 예금 이자는 대출 이자보다 빨리 떨어져서 은행이 하는 사업의 원재료라고 할 수 있는 자금을 조달하는 비용이 먼저 낮아지기 때문이다. 이번 사태 이후 은행에는 저

원가성 조달 비중이 사상 최대치를 경신할 정도로 저렴한 이자로 사용할 수 있는 자금 비중이 늘어났었다. 특히 이자가 낮아지면 사람들은 적금(저축성 예금)보다는 예금(요구불 예금)을 더 많이 하게 된다. 은행 이자율이 높다면 적금을 들려는 사람이 많다. 반대로 이자가 적으면 예금이나 적금이나 어차피 비슷한 수준으로 이자가 낮으므로 차라리 보통 예금으로 두고 쓰고 싶을 때 쓰는 것이 낫다고 생각한다. 이렇게 되면 은행들은 더 적은 비용으로 자금을 사용할 수 있게 되면서 그만큼 이익을 더 거둘 수 있다.

하지만 장기적인 저금리는 오히려 은행 이익을 망치게 된다. 일본을 예로 들 수 있다. 일본은 2011년부터 적금 이자가 1년에 5bp(0.05%)밖에 되지 않았고, 2017년부터는 그마저도 1bp(0.01%)로 떨어져 여전히 움직이지 않고 있다. 1bp면 예금 1억 원으로 1년 동안 받을 수 있는 이자가 1만 원이라고 생각하면 된다. 그냥 이자가 없는 것과 다를 바 없다. 적금을 들어 1만 원을 받으나 보통 예금을 해서 아예 받지 않으나 무슨 의미가 있겠는가. 차라리 예금으로 두고 원할 때 마음대로 빼서 쓰는 것이 이득이라고 생각할 테다.

그렇다면 은행은 자금을 조달하는 데 드는 비용이 0에 가까우므로 참 좋겠다고 생각할 수도 있다. 하지만 이 상태가 지속되면 대출금리도 떨어진다. 조달 비용이 전혀 들지 않는데 왜일까? 은행도 각 지역마다 지점이 있을 테니 임대료도 내야 하고 직원들 월급도 줘야 한다. 무엇보다 악성 채무가 있어 돈을 받지 못할 가능성인 신용 리스크도 감안해야 한다. 그런데 장기간 저금리로 대출금리가 떨어져 예대마진이 극도로 줄어들면 그때는 아무리 공짜 원료로 장사한다고 해도 남는 것이 없어진다.

물론 이런 상황은 일본처럼 장기간 저금리를 유지했을 때 나타나는 일이고 우리는 다르다. 이번 코로나19 사태를 겪으면서 가계 대출과 중소기업 대출이 급격하게 증가했다. 코로나19 이후 기업들의 신용에 문제가 생기면서 회사채 시장이 얼어붙었고, 몰려드는 대출 신청으로 시중은행들은 이미 연간 대출 목표치를 이미 2020년 5~6월에 초과 달성했다. 아직 금리 인하 초반인 데다 예대마진률이 떨어진다고 하더라도 박리다매 때문에 2020년 은행 실적은 좋을 수밖에 없었다. 일각에서는 그만큼 자금을 회수할 수 없을지 모를 불량 채권이 많기 때문에 은행도 위험에 노출된 것이 아니냐는 말도 있었다.

하지만 적어도 우리가 주식 시장에서 투자하는 제1금융권 문제는 아니다. 왜냐하면 전체 가계 부채에서 75%는 고신용등급인 1~3등급이 차지하고 있고 20%는 중신용등급 4~6등급에서 발생하는데, 총 가계 대출에서 은행 대출이 차지하는 비중은 절반인 50% 정도가 된다. 따라서 은행권 대출은 거의 고신용등급인 1~3등급 안에서 발생했을 가능성이 높고, 가계 신용을 문제 삼을 대출이 거의 없다는 뜻이다.

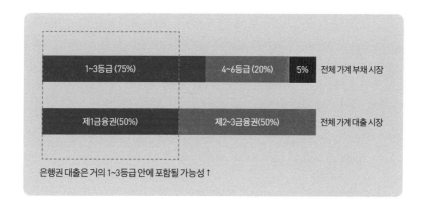

은행권 대출은 거의 1~3등급 안에 포함될 가능성 ↑

또한 과거 금융 위기를 돌아보면 2006년에서 2009년까지 대출이 급격하게 증가했는데, 그중 기업 대출이 차지하는 비중이 70%에 달했다. 하지만 2020년 7월에 나온 데이터를 보면 30~40% 정도에 불과했기 때문에 그만큼 기업의 신용 리스크에 노출될 가능성도 낮았다.

2020년 12월에 나왔던 KB금융의 실적 전망치를 예로 들자면 지난해 내내 저원가성 예금이 유입되면서 NIM(순이자차익비율)은 2020년에 전년 대비 약보합 정도로 방어가 되는 반면, 원화 대출금은 3분기까지 전년 대비 8.6% 증가했고 4분기에도 증가할 전망이었다. 연간으로 따지면 10%대의 높은 증가율이다. 위에서 알아본 내용과 같이 예대마진은 약보합 수준으로 크게 줄지 않지만 자산 증가 효과로 순이자이익은 지난해 대비 올해 2021년에 5%가량 증가할 것으로 추정된다.

의외로 은행은 이번 코로나19로 기회를 얻은 편에 속한다. 2020년 7월부터 같은 해 연말까지 코스피가 35% 상승하는 동안 KB금융 역시 비슷한 상승률을 기록하며 시장에 전혀 뒤처지지 않는 모습을 보였다. 게다가 최근 정부의 대출 억제 정책에 따라 대출금리는 상승하면서 12월에 예금이 늘어나 예상외로 NIM의 반등이 일찍 시작됐고, 2021년에는 추가적인 상승도 예상된다.

물론 상황이야 계속 바뀌겠지만 앞으로 한동안은 저금리 시대가 이어질 것으로 판단된다. 혹시나 은행주에 관심이 있는 독자가 있다면 가계와 기업 대출의 증가 속도와, 예금금리와 대출금리 사이의 차이를 확인해보자. 실적이 증가하는 구간인지 판단할 수 있다면 투자 시기도 가늠할 수 있다.

04 2021년 생각해볼
이슈들

✅ 코로나19 백신 접종 그 이후

이번 코로나19 이후 가장 걱정되는 문제 중 하나는 바로 소상공인이나 지역 상권이 무너지는 것이다. 우리가 주식 시장에서 언택트를 외치며 몇몇 업종의 상승에 환호하고 있을 때 소외됐던 업종들도 당연히 있었다. 언택트가 호황이었다면 컨택트가 소외를 받았을 텐데, 그중에도 대면으로 하는 소매 판매와 유통 업종이 있다.

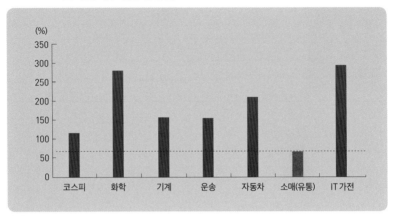

2020년 저점 이후 업종 상승률

(%)
350
300
250
200
150
100
50
0

코스피　화학　기계　운송　자동차　소매(유통)　IT 가전

출처 : Wisefn

그래프를 보면 알 수 있듯 소매(유통) 업종의 수익률은 다른 업종에 비해서도, 전체 코스피지수의 반등 폭과 비교해도 한참 모자라다. 그도 그럴 것이 우리 스스로가 외부 경제 활동을 꺼리는데, 이를 대상으로 사업하는 기업들의 실적이 좋을 리 없었고 투자자들의 관심도 끌기 힘들었다. 물론 2020년 기준으로 내년에는 좋아지겠지, 라는 생각을 할 수는 있겠지만 사회적 거리 두기 단계가 높은 상태를 유지하고 매일 같이 확진자가 들쑥날쑥한 상태에서 소매 업종을 선택하기 어려웠을 것이다.

게다가 우리나라는 전 세계에서 가장 늦게 백신 보급이 이뤄지고 있다. 2월 말에 들어온다는 소식이 있었으니 이 책이 나올 때쯤 백신 접종이 시행되고 있다면 다행이겠지만, 적어도 2월까지 이들 기업의 주가를 올릴 수 있는 요인은 위에서 말한 대로 '2020년보다는 나아지겠지'라는 기대 정도였다.

하지만 백신 보급은 시간이 해결해줄 문제고 그 시기가 멀지 않았다는 점을 감안한다면 이미 백신을 공급 받고 접종하고 있는 다른 나라를 참고해볼 때가 됐다.

미국은 지난해 12월 8일에 접종을 시작했다. 이후 S&P500지수가 7%가량 상승하는 동안 소매 업종은 20%가 넘는 상승률을 기록 중이다.

📈 S&P500지수와 미국 소매업종지수

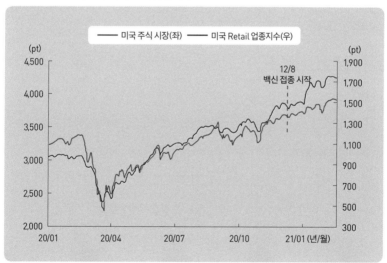

출처 : 블룸버그(Bloomberg)

유럽은 미국보다 조금 늦은 12월 27일에 백신 접종을 시작했다. 그리고 유로스톡스50지수가 3%가량 상승했고, 그동안 유럽의 소매업종지수는 10%가 넘는 상승을 기록했다.

📈 유로스톡스50지수와 유럽 소매업종지수

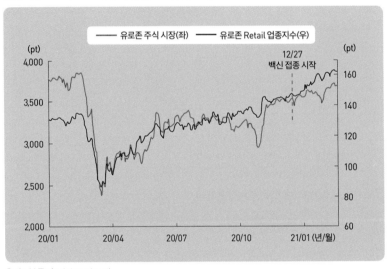

출처 : 블룸버그(Bloomberg)

어쩌면 이 역시도 당연한 결과일 수 있다. 단순하게 생각했을 때 우리가 마스크를 쓰고도 가기 꺼려졌던 곳들을 생각해보자.

백신 접종이 시작된다고 해도 그 과정은 예상보다 느릴 수 있다. 따라서 실제로 이들 기업 실적이 회복되는 시기는 더 늦어질 수도 있다는 불확실성이 있다. 하지만 적어도 이 책의 전체적인 줄기처럼 세상이 돌아가는 흐름은 정해져 있다는 사실을 감안한다면, 꼭 소매 업종이 아니라도 코로나19 때문에 완전히 소외될 수밖에 없었던 업종들에 대한 관심을 다시 가져도 될 시기가 다가오는 것이 아닌가 싶다.

☑ 유동성은 언젠가 줄어들겠지만

우리나라 코스피 시장이 지난해 코로나19로 인한 급락 이후 강한 반등을 보여주다 8월부터 10월까지 횡보하는 추세일 때도 그랬던 것처럼, 11월부터 올해 2021년 1월 상승 이후 찾아온 연초 횡보장에서 똑같이 나오는 2가지 이야기가 있다.

"개인 예탁금이 줄어든다."
"긴축이 올 수 있다."

이번 시장이 유동성 장세라는 것은 부인할 수 없는 사실이다. 개인 예탁금이 2020년부터 엄청나게 증가했고 기관이나 외국인투자자들의 매도세로 시장이 조정을 받을까 싶으면 어김없이 개인 예탁금은 주식시장을 받쳐주는 힘으로 작용했다. 조정만 있다 싶으면 개인투자자들이 매수했다는 이야기다.

그런데 2021년 초부터는 미국 10년물 금리가 오르고 있다는 뉴스를 자주 접할 수 있었다. 한 마디로 향후 물가가 상승한다는 기대감, 경기가 회복된다는 기대감이 시장에 반영되면서 이제는 미국 연준에서도 슬슬 출구 전략을 모색하지는 않을까 하는 두려움이 있었다. 마침 우리나라 시장의 개인 고객 예탁금은 1월 초에 75조 원가량을 고점으로 약 10조 원이 빠져나가며 이 불안감을 부채질했다.

물론 개인 고객들의 예탁금이 줄어들고 있는 상황이 좋은 징조라고 볼 수는 없지만 결론적으로 걱정하기에는 너무 이르다. 왜냐하면 65조 원에 가까운 예탁금은 국내 증시 사상 본 적 없는 많은 양이기 때문에 벌써부터 유동성 리스크가 있다고 하는 표현은 무리가 있다.

그렇다면 미국의 국채 10년물 금리가 오르고 있는 것은 어떨까?

📈 미국 10년물 금리와 주가지수의 관계

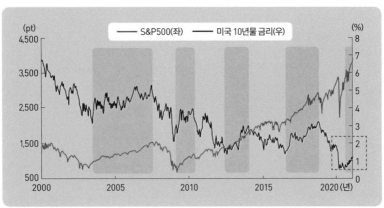

출처 : 블룸버그(Bloomberg)

돈의 물결

전체적인 그림을 보자면 미국의 10년물 금리와 주가지수는 X자를 그리고 있다. 다시 말해 금리와 주가지수가 반대로 움직인다는 뜻이다. 어쩌면 당연하다. 금리가 오르면 그만큼 받을 수 있는 이자가 늘어나고, 상대적으로 안전하게 받을 수 있는 이자가 올라가니 위험자산인 주식 시장에 대한 투자보다는 안전자산에 대한 투자가 늘어나게 되는 원리다.

하지만 네모 박스로 표시한 부분처럼 미국의 국채 10년물 금리는 최근 상승하고 있으니 주식 시장이 하락하게 될 것이라는 불안감을 가질 수는 있겠다. 우선 장기금리가 오르는 경우는 크게 2가지로 나눌 수 있다.

첫 번째로, 우리가 느끼는 불안감처럼 시장에 지나치게 많은 유동성이 있으니 그 유동성을 회수하기 위해 미국 연준이 곧 기준금리를 올릴 예정이거나 올리는 경우다. 즉, 긴축 정책이 행해지는 경우다.

다음으로는 침체 이후에 경기가 반등하리라는 기대감이 시장에 반영되면서 채권금리가 오르는 경우도 있다.

지금은 어떨까? 전자는 불분명하지만 후자는 확실히 맞다. 그래프에서 음영으로 칠해진 부분들은 주가지수가 한 번 크게 꺾이고 난 다음 주가지수와 채권금리가 함께 오르는 시기를 보여주고 있는데, 지금도 그렇다. 이 금리의 반등은 2020년 8월부터 시작됐고 이후에도 주가는 지속적으로 상승했다. 경기 반등에 대한 기대감이 시장에 반영되면서 금리와 주가가 함께 오르는 시기라고 해석할 수 있는 셈이다.

올해 들어 달러 가치가 반등하는 것 때문에 이 불안감도 더해지는 것 같다. 하지만 2020년 중반 이후 백신 접종이 시작되기 전 미국과 유럽에서 코로나19가 재유행할 때 유럽은 봉쇄를 택했고, 미국은 봉쇄 대신 경제 활동 재개를 택했다. 어떤 정책이 옳다 그르다를 떠나서 봉쇄를 택한 유럽보다 경제 활동 재개를 택한 미국의 경제 지표가 먼저 반등한 것은 당연했다.

경제 봉쇄가 영향을 크게 미치는 서비스업 또한 최근 미국이 유럽보다 월등히 앞선다. 그만큼 투자처로써의 매력도 미국이 유럽보다 높다는 뜻이다.

자연히 유로화는 달러화 대비 약세를 나타냈다. 달러 가치를 산정하는 데 있어 가장 큰 영향을 미치는 통화인 유로화의 약세는 달러화의 약세를 가로막는 요인이 됐다. 작년부터 달러화 약세를 바탕으로 외국인투자자의 러브콜을 받았던 우리나라 증시가 2021년 들어 상승하지 못하고 조정 구간을 겪는 것도 당연할지 모른다. 하지만 이 시기는 오래가지 않을 가능성이 높다. 이제 백신 접종이 빠르게 이뤄지고 있고, 봉쇄를 택했던 유럽 주요국들도 조금씩 문을 열어가는 중이다.

3월이면 미국의 추가 부양책이 시행된다고 한다. 그리고 미국 연준 의장 제롬 파월은 단기적으로 움직이는 물가 상승률에 반응하지 않고 고용 지표가 충분히 회복될 때까지 완화적인 정책을 지속할 것이라고 바로 앞선 1월에 확인해줬다. 언젠가는 분명 '유동성 축소', '긴축 정책'이라는 단어들이 우리를 괴롭히는 때가 온다. 하지만 지금 상황을 보면, 걱정하기에는 너무 이른 때가 아닌가 싶다.

주식투자자로서의 철학

'철학'이라는 단어를 놓고 며칠을 고민했는지 모른다.

어느 자정 가까운 늦은 밤, 한 친구에게 메시지를 보냈다. 동종 업계 종사자이자 내 유튜브 채널 구독자들이 가장 좋아하는 출연자 박 군에게 투자 철학이 무엇인지 물었다. 내가 좋다고 생각하는 종목이나 시장에 대한 의견을 물으면 그는 항상 동의하는 편이고, 반대로 그가 좋다고 생각하는 의견들에 나도 곧잘 동의하는 편이다. 이런 겹치는 부분들 때문에 이 고민에 그를 떠올렸나 보다. 박 군이 건넨 한마디에 나는 이 책을 마무리할 아이디어가 떠올랐다.

"내가 통제 가능한 것과 통제 불가능한 것을 구분하려고 노력한다."

머리를 한 대 얻어맞는 느낌이 들었다. 우리가 통제할 수 있는 것과 통제할 수 없는 것은 무엇일까? 너무 깊이 들어가면 책을 정리하는 단계에서 또 다른 책을 하나 더 써야 할 수도 있으니 투자 가능한 시장이나 종목을 고르는 데 있어 기초적인 이야기를 해본다.

내가 생각하기에 내가 통제할 수 있는 영역은 바로 어떤 주식이 싸다, 비싸다를 구별하는 것이다. 물론 어떤 시점에 어떤 업계가 주목 받는지, 어떤 사이클에 맞춰져 있는지 구별하는 것을 획일적으로 정할 수는 없다. 시장에 관심이 많다면 앞으로 알게 될 것이고, 그런 것은 업종에 대한 공부를 토대로 갖출 수 있는 부분이기 때문이다. 그보다는 먼저 어떤 주식에 투자하고 싶다, 아니다를 결정하는 데 있어 적어도 싼 주식을 매수하는 습관을 가졌으면 한다.

싸다는 것은, 5만 원짜리 주식과 10만 원짜리 주식 중에 5만 원짜리를 사야겠다고 결정하는 것이 절대 아니다. 그렇다고 시가총액이 낮은 기업을 사라는 말도 아니다. 상대적으로 덜 오른, 저평가된 주식을 사라는 이야기다. 삼성전자 주가가 8만 원, SK하이닉스가 10만 원이라고 삼성전자가 싼 주식은 아니다. SK하이닉스가 삼성전자보다 시가총액이 낮으니까 SK하이닉스를 사야 하는 것도 아니다. 두 기업을 비교했을 때 버는 돈에 비해 아직 덜 오른 주식을 사라는 뜻이다.

그렇다면 내가 통제할 수 없는 부분을 포기하려면 어떻게 해야 할까?

이 부분은 상대적이기 때문에 생각보다 훨씬 더 간단하다. 더 직접적으로 말하자면, 모르면 팔아라. 내가 방송사에서 앵커로 활동하던 때 한 출연자에게 물은 적 있다. "최근 외국인 매도가 이어지는데 언제쯤 매수로 돌아설 수 있을까요?" 그 출연자는 서슴없이 대답했다. "이제 삽니다." 이유를 묻자, "이 정도면 많이 팔았으니까 앞으로는 사야죠." 그후 20거래일 넘게 연속으로 외국인은 추가 매도를 쏟아냈다.

만약 자신이 가진 종목에 대해 혹은 현재 시장에 대해 잘 모르는 어떤 것이 있는데, 매도나 하락이 쭉 이어지고 있다면 그 종목을 손절할 필요가 있다. 그야말로 통제가 되지 않는 경우다. 왜 하락하는지, 언제쯤 끝날지 어렴풋이 알 수 있다면 기다려도 좋지만, 그렇지 않다면 손절할 필요가 있다는 말이다.

내 이야기를 하자면 나는 바이오에 대한 지식이 부족한 편이다. 의약품에 사활을 걸고 개발하는 사람은 어떤 약품이 임상을 통과할지 여부를 예측할 수 있는지 모르지만, 적어도 투자자 중에 아는 사람은 없다고 생각한다. 자신은 알 수 있다고 생각한다면 그 기업과 사랑에 빠진 것일 가능성이 높고, 그런 투자로 실제 큰돈을 벌었다면 굉장히 운이 좋았던 것이므로 축하한다.

내가 그 정도로 운이 좋지 않은 이성적인 투자자라면 확률에 기대야 한다. 나는 신약을 개발하는 바이오 기업에 투자할 때 2상이나 3상에 돌입하는 의약품에만 투자하고, 그 임상 과정에 문제가 생기는 순간 빠져나온다. 많은 자금을 투자하지도 않는다. 주식투자는 용기의 싸움이 아니라 기댓값의 싸움이다. 10배가 될 수 있을지언정 휴지 조각이 될 수도 있다면, 단 한 번의 잘못된 선택으로 모든 것을 잃을 수도 있다. 그리고 그 확률이 언젠가는 내게 오게 돼 있다고 생각한다. 그런 변수는 과감히 포기해도 시장은 넓고 종목은 많다.

한 업종에만 국한된 예를 들었지만 따져보면 나도 독자 여러분도 모르는, 우리가 통제할 수 없는 부분이 너무나 많다. 우리는 그 빈자리를 채워가는 공부를 끊임없이 해야 한다.

첫 책 마무리를 어떻게 할지 한 문장 한 문장 쓰면서도 고민이 된다. 이야기가 끝난다는 것이 많이 아쉽고 무언가 더 할 이야기가 남아 있나 자꾸 생각하게 된다. 먼저 긴 이야기를 함께해준 독자 여러분에게 깊이 감사한다는 말을 전하고 싶다. 또다시 책을 쓸 기회가 생길지 모르겠지만 참 귀한 경험을 했다고 생각한다.

잔소리 같은 이야기지만 다시 한번 여러분 스스로가 가진 주식 종목을 넘어, 그 종목을 사는 데 들어간 돈에 대한 애정을 잊지 않기를 바란다. 우리가 가진 자금에는 우리 세월이 전부 녹아 있다. 40년밖에 살지 못한 입장에서 건방진 소리로 들릴지도 모르겠지만, 이 짧은 세월을 산 내 입장에서도 몇 푼 돈을 가져보기까지 많은 일들이 있었다. 순간순간 최선을 다했다고 단순히 생각하기에는 돌아보면 정말 많은 경쟁에서 이기고 지고, 가지고 싶은 것들을 애써 참고, 세상에 대한 부러움을 꿋꿋이 견뎠던 신기한 나날들이었다. 그런 내가 감히 상상할 수도 없는 여러분의 소원과 욕망, 세월을 소중히 다뤘으면 좋겠다.

수십 년의 피와 땀, 눈물로 만들어진 자금이 두 배로 늘어나기 위해서는 그만큼 인내와 노력이 필요하다는 사실을 부족한 이 책으로나마 기억해주기를 바란다. 다시 누군가를 앞서기 위한 여러분의 피와 땀, 눈물을 응원하며 그 힘듦이 조금이라도 줄어들기를 바라는 막연한 기대에서 출발한 이 이야기를 끝까지 읽어준 점에 대해 감사한 마음을 느낀다.

2021년 3월
박제연

2021년도 주식학력평가
〈주린이 졸업〉 영역 (A형)

제1교시

성명		수험 번호	

수험자 유의 사항

※자신이 선택한 과목의 문제인지 확인하시오.

※문제지에 설명과 수험 번호를 기재하시오.

※가진 돈의 소중함을 떠올리며 문제를 푸시오.

※『돈의 물결』을 참고하시오.

1. 다음 중 투자자문 회사에 소속되지 않으면서, 불특
   정 다수를 대상으로 일정한 대가를 받고 투자 조언
   하는 사람을 부르는 명칭을 고르시오.

   ① 증권업
   ② 투자자문업
   ③ 유사투자자문업
   ④ 자산운용업

2. 다음 중 브릿지워터 어소시에이츠 CEO인 레이 달
   리오가 한 말을 고르시오.

   ① "돈은 금보다 안전하다."
   ② "돈은 쓰레기가 되어간다."
   ③ "돈은 영원 불변의 가치다."
   ④ "돈은 휴지 조각이다."

3. 다음 중 레버리지 투자에서 '레버리지'가 뜻하는 의미를 고르시오.

① 엘리베이터
② 에스컬레이터
③ 계단
④ 지렛대

4. 미국 역사상 가장 길고 깊은 경제 위기로 평가 받는 시기와 그 명칭을 고르시오.

① 1929년 대공황
② 2000년 닷컴 버블
③ 2008년 서브프라임 모기지 사태
④ 2020년 코로나19 위기

5. "워런 버핏은 ○○○ 투자 방식의 대가다."에서 빈 칸에 알맞은 단어를 고르시오.

① 업다운

② 바텀업

③ 검색기

④ 탑다운

6. 다음 상황에 어울리는 단어를 고르시오.

한 미국인이 주식에 투자하기 위해 원달러 환율이 1달러 1,000원일 때 100달러를 갖고 한국에 왔다. 은행에서 환전한 10만 원을 모두 주식 사는 데 사용했고, 한 달 후 50% 수익이 나서 가진 돈이 15만 원이 됐다. 미국인은 집으로 돌아가기 위해 주식을 팔고 은행에 갔다. 이때 환율이 1달러 2,000원으로 올라 15만 원은 환전 후 75달러가 됐다. 이렇게 수익을 냈지만 환전 후 오히려 손해를 보게 되는 상황을 일컫는 말은 무엇인가?

① 마진콜　　　　　② 환차익

③ 환차손　　　　　④ 헷지

7. 예일대학교 교수 스티븐 로치는 코로나19가 1년 이상 지속된다면 '이것'이 올 수 있다고 경고했다. 다음 중 '이것'에 알맞은 단어를 고르시오.

① 스태그플레이션
② 디맨드풀 인플레이션
③ 애그플레이션
④ 대인플레이션

8. 다음 중 책에서 나온 내용 중 미국 대선의 주인공이 누가 되든, 부양책이 어떻게 나오든 상관없이 모든 변수에 영향 받지 않는 업종 2가지를 고르시오.

① 소재
② 부동산
③ 빌라
④ IT

9. **다음 중 틀린 설명을 고르시오.**

① PER : 주가수익비율

② PBR : 주가순자산비율

③ ROE : 투자자본수익률

④ BPS : 주당순자산가치

10. **〔주관식〕 다음 조건을 보고 각각 값을 구하시오.**

자본 : 500억 원

이익 : 1년마다 50억 원

시가총액 : 1,000억 원

부채 : 500억 원

PER = (　　)

PBR = (　　)

ROE = (　　)

EV/EBITDA = (　　)

11. 공매도가 범죄에 악용된 2000년도 사례를 일컫는 표현을 고르시오.

　① IT 버블

　② Y2K 사건

　③ 우풍상호신용금고 사건

　④ 불법 공매도 사건

12. 미국은 코로나19가 발생한 이후 2020년 3월 14개국과 '이것'을 체결하여 미 국채를 가져오면 달러로 바꿔주겠다고 했다. 다음 중 '이것'에 알맞은 단어를 고르시오.

　① 코로나 펀드

　② 통화스왑

　③ 달러스왑

　④ 미 국채 펀드

13. 다음 중 '헷지' 투자를 올바르게 설명한 것을 고르시오.

① 위험자산에만 투자하기 불안한 시장일 때, 안전자산을 함께 투자하는 방식

② 적은 자본으로 큰 효과를 내고자 할 때의 투자 방식

③ 해외 주식투자 방식

④ 투기성 상품 투자 방식

14. 다음 과거 사례 중 코로나19 사태를 잘 넘기는 데 도움 될 케이스를 고르시오.

① 1929년 대공황

② 1997년 IMF 외환 위기

③ 2000년 IT 버블

④ 2008년 글로벌 금융 위기

15. 2020년 8월 잭슨홀 미팅에서 미국 연방준비제도 의장인 제롬 파월이 도입하겠다고 한 제도를 고르시오.

① 2% 물가 목표제

② 평균 GDP 목표제

③ 연준 자산 정상화

④ 평균 물가 목표제

16. 다음 중 E-GMP의 장점이 아닌 것을 고르시오.

① 긴 주행 거리

② 빠른 충전 속도

③ 앞바퀴와 뒷바퀴를 이어주는 구동축

④ 적은 부품 개수

17. 다음 중 주식 초보에게 삼성전자 주식을 추천하는 이유로 알맞지 않은 것을 고르시오.

① 우리나라 시가총액에서 차지하는 비중이 가장 크다.

② 기관과 외국인투자자들의 매수의 종점이다.

③ 주식 기초를 배울 수 있다.

④ 첨단 산업을 배울 수 있다.

18. 다음 차트를 보고 떠올릴 수 있는 국가 간 이슈를 고르시오.

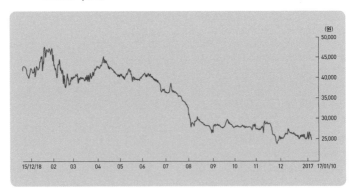

① 한류 제한령 　　　② 노 재팬

③ 남북연락사무소 폭파 　④ 북한 핵 개발

19. 다음 중 '증권 시장 전체의 수익률 변동과 개별 종목의 수익률 변동 간 관계'를 나타내는 말을 고르시오.

① 알파계수
② 베타계수
③ 세타계수
④ 델타계수

20. 다음 중 '코리아 디스카운트'의 대표적인 이유가 아닌 것을 고르시오.

① 남북 관계에 따른 지정학적 리스크
② 기업 지배 구조의 복잡성
③ 미국의 우방국이라는 위치
④ 주주 친화적이지 못한 구조

NOTICE

『돈의 물결』을 꼼꼼하게 완독했다면 100점은 식은 죽 먹기! QR코드를 통해 베가북스 공식 블로그에 접속하여 2021년도 주식학력평가 <주린이 졸업> 영역에 대한 정답을 4월 15일까지 제출해주세요. 추첨을 통해 박제연 럭키박스를 선물로 드립니다.

베가북스
블로그

돈의 물결

초판 1쇄 인쇄 2021년 3월 5일
초판 2쇄 발행 2021년 3월 23일

지은이 박제연
펴낸이 권기대

펴낸곳 베가북스 **출판등록** 2004년 9월 22일 제2015-000046호
주소 (07269) 서울특별시 영등포구 양산로3길 9, 2층
주문·문의 전화 (02)322-7241 팩스 (02)322-7242

ISBN 979-11-90242-76-9

* 책값은 뒤표지에 있습니다.
* 잘못된 책은 구입하신 서점에서 바꾸어 드립니다.
* 좋은 책을 만드는 것은 바로 독자 여러분입니다.
  베가북스는 독자 의견에 항상 귀를 기울입니다. 베가북스의 문은 항상 열려 있습니다.
  원고 투고 또는 문의사항은 vega7241@naver.com으로 보내주시기 바랍니다.
* 베가북스에 대한 더 많은 정보가 필요하신 분은 홈페이지를 방문해주시기 바랍니다.

vegabooks@naver.com www.vegabooks.co.kr
blog http://blog.naver.com/vegabooks   vegabooks   VegaBooksCo